Coreeană de bază pentru vorbitorii de română

루마니아어를 사용하는 국민을 위한

기초 **한글배우기**

① **기초편**

Nr. 1 Nivelul de bază

권용선 저

루마니아어로 한글배우기

Învăţarea limbii coreene în
limba română

■ 세종대왕(조선 제4대 왕)
Regele Sejong cel Mare
(al patrulea rege al dinastiei Joseon)

대한민국 대표한글
K-한글
www.k-hangul.kr

■ 세종대왕 탄신 627돌(2024.5.15) 숭모제전
- 분향(焚香) 및 헌작(獻爵), 독축(讀祝), 사배(四拜), 헌화(獻花), 망료례(望燎禮), 예필(禮畢), 인사말씀(국무총리)

■ 무용 : 봉래의(鳳來儀) | 국립국악원 무용단
- '용비어천가'의 가사를 무용수들이 직접 노래하고 춤을 춤으로써 비로소 시(詩), 가(歌), 무(舞)가 합일하는 악(樂)을 완성하는 장면

■ 영릉(세종·소헌왕후)
조선 제4대 세종대왕과 소헌왕후 심씨를 모신 합장릉이다.
세종대왕은 한글을 창제하고 혼천의를 비롯한 여러 과학기기를 발명하는 등 재위기간 중 뛰어난 업적을 이룩하였다.

■ 소재지(Location): 대한민국 경기도 여주시 세종대왕면 영릉로 269-10

■ 대표 업적
- 한글 창제: 1443년(세종 25년)~1446년 9월 반포
- 학문 창달
- 과학의 진흥
- 외치와 국방
- 음악의 정리
- 속육전 등의 법전 편찬 및 정리
- 각종 화학 무기 개발

■ Yeongneung (mormântul regelui Sejong şi al reginei Soheon)
Yeongneung este un mormânt regal comun în care sunt înmormântaţi Sejong cel Mare, al patrulea monarh al dinastiei Joseon, şi regina Soheon din clanul Shim.
În timpul domniei sale, regele Sejong a avut realizări remarcabile, printre care a inventat alfabetul Hangul şi diverse instrumente ştiinţifice, cum ar fi Honcheonui.

■ Locaţie : 269-10 Yeongneung-ro, Sejongdaewang-myeon, Yeoju-si, Gyeonggi-do, Republica Coreea

■ Realizări majore
- Crearea alfabetului Hangul: 1443 (al 25-lea an al domniei lui Sejong) - promulgare în septembrie 1446
- Dezvoltarea studiilor academice
- Dezvoltarea ştiinţei
- Guvernare externă şi apărare naţională
- Sistematizarea muzicii
- Compunerea şi organizarea codurilor legale precum Sokyukjeon (cele şase coduri modificate de guvernare)
- Dezvoltarea de arme chimice diverse

머리말 Prefață

Let's learn Hangul!

Hangul este compus din 14 consoane și 10 vocale, iar combinațiile suplimentare de consoane duble și vocale compuse formează litere care primesc sunet. Numărul posibil de blocuri silabice Hangul este de aproximativ 11.170, dintre care aproximativ 30% sunt utilizate frecvent

Acest manual este organizat pe baza cuvintelor coreene frecvent utilizate în viața de zi cu zi și a fost conceput având în vedere următoarele:

- ■ Este conținut educațional de bază care începe de la consoanele și vocalele din Hangul.
- ■ Arătând ordinea scrierii în Hangul, ajută cursanții să își consolideze noțiunile de bază ale utilizării corecte a alfabetului Hangul.
- ■ Alocă un spațiu considerabil „scrierii", astfel încât practica repetată să conducă la învățarea naturală a alfabetului Hangul.
- ■ Oferă materiale suplimentare pe website-ul www.K-hangul.kr pentru studiul în paralel cu acest manual.
- ■ Organizat în jurul literelor și cuvintelor utilizate frecvent în viața de zi cu zi în Coreea.
- ■ Reduce conținutul referitor la formele Hangul mai puțin utilizate mai puțin frecvent și include doar ceea ce este esențial.

Învățarea unei limbi înseamnă și învățarea unei culturi și devine o oportunitate de a lărgi orizonturile gândirii proprii.

Având în vedere că acest manual servește drept bază pentru învățarea Hangul, stăpânirea atentă a conținutului său vă va ajuta să înțelegeți nu doar Hangul în sine, ci și cultura și spiritul coreean într-un mod mai amplu.

Mulțumim.

Autor : Kwon Yongseon

한글은 자음 14자, 모음 10자 그 외에 겹자음과 겹모음의 조합으로 글자가 이루어지며 소리를 갖게 됩니다. 한글 조합자는 약 11,170자로 이루어져 있는데, 그중 30% 정도가 주로 사용되고 있습니다. 이 책은 실생활에서 자주 사용하는 우리말을 토대로 내용을 구성하였고, 다음 사항을 중심으로 개발 되었습니다.

- ■ 한글의 자음과 모음을 기초로 배우는 기본 학습내용으로 이루어져 있습니다.
- ■ 한글의 필순을 제시하여 올바른 한글 사용의 기초를 튼튼히 다지도록 했습니다.
- ■ 반복적인 쓰기 학습을 통해 자연스레 한글을 습득할 수 있도록 '쓰기'에 많은 지면을 할애하였습니다.
- ■ 홈페이지(www.k-hangul.kr)에 교재와 병행 학습할 수 있는 자료를 제공하고 있습니다.
- ■ 한국의 일상생활에서 자주 사용되는 글자나 낱말을 중심으로 내용을 구성하였습니다.
- ■ 사용빈도가 높지 않은 한글에 대한 내용은 줄이고 꼭 필요한 내용만 수록하였습니다.

언어를 배우는 것은 문화를 배우는 것이며, 사고의 폭을 넓히는 계기가 됩니다. 이 책은 한글 학습에 기본이 되는 교재이므로 내용을 꼼꼼하게 터득하면 한글은 물론 한국의 문화와 정신까지 폭넓게 이해 하게 될 것입니다.

※참고 : 본 교재는 ❶기초편으로, ❷문장편 ❸대화편 ❹생활 편으로 구성되어 출간 판매 중에 있습니다.
　　Observație: Această serie de manuale constă în: ❶ Nivelul de bază, ❷ Nivelul Propoziții, ❸ Nivelul Conversație și ❹ Nivelul Viața de zi cu zi; toate acestea au fost publicate și pot fi achiziționate.

※판매처 : 교보문고, 알라딘, yes24, 네이버, 쿠팡 등
　　Unde se pot achiziționa: Kyobo Bookstore, Λladin, yes24, Naver, Coupang, și alți mari comercianți cu amănuntul.

※검색어 : 한글, 기초한글, 한글배우기, 한국어 등
　　Cuvinte-cheie de căutare: Hangul, Hangul de bază, învățarea Hangul, coreeană etc.

저자 권용선

차례 Cuprins

자음

Capitolul 1
Consoane

01 자음 [Consoane]

월   일

자음 읽기 [Citirea consoanelor]

ㄱ	ㄴ	ㄷ	ㄹ	ㅁ
기역(Giyeok)	니은(Nieun)	디귿(Digeut)	리을(Rieul)	미음(Mieum)
ㅂ	ㅅ	ㅇ	ㅈ	ㅊ
비읍(Bieup)	시옷(Siot)	이응(Ieung)	지읒(Jieut)	치읓(Chieut)
ㅋ	ㅌ	ㅍ	ㅎ	
키읔(Kieuk)	티읕(Tieut)	피읖(Pieup)	히읗(Hieut)	

자음 쓰기 [Scrierea consoanelor]

ㄱ	ㄴ	ㄷ	ㄹ	ㅁ
기역(Giyeok)	니은(Nieun)	디귿(Digeut)	리을(Rieul)	미음(Mieum)
ㅂ	ㅅ	ㅇ	ㅈ	ㅊ
비읍(Bieup)	시옷(Siot)	이응(Ieung)	지읒(Jieut)	치읓(Chieut)
ㅋ	ㅌ	ㅍ	ㅎ	
키읔(Kieuk)	티읕(Tieut)	피읖(Pieup)	히읗(Hieut)	

O2 자음 [Consoane]

월   일

자음 익히기 [Exersarea consoanelor]

다음 자음을 쓰는 순서에 맞게 따라 쓰세요.

(Urmați ordinea scrierii de mai jos și copiați fiecare consoană.)

자음 Consoane	이름 Nume	쓰는 순서 Ordinea scrierii	영어 표기 Notație engleză	쓰기 Scriere				
ㄱ	기역		Giyeok	ㄱ				
ㄴ	니은		Nieun	ㄴ				
ㄷ	디귿		Digeut	ㄷ				
ㄹ	리을		Rieul	ㄹ				
ㅁ	미음		Mieum	ㅁ				
ㅂ	비읍		Bieup	ㅂ				
ㅅ	시옷		Siot	ㅅ				
ㅇ	이응		Ieung	ㅇ				
ㅈ	지읒		Jieut	ㅈ				
ㅊ	치읓		Chieut	ㅊ				
ㅋ	키읔		Kieuk	ㅋ				
ㅌ	티읕		Tieut	ㅌ				
ㅍ	피읖		Pieup	ㅍ				
ㅎ	히읗		Hieut	ㅎ				

O3 한글 자음과 모음표
[Graficul consoanelor și vocalelor din Hangul]

월   일

※ 참고 : 음절표(18p~37P)에서 학습할 내용

mp3 자음 / 모음	ㅏ (아)	ㅑ (야)	ㅓ (어)	ㅕ (여)	ㅗ (오)	ㅛ (요)	ㅜ (우)	ㅠ (유)	ㅡ (으)	ㅣ (이)
ㄱ (기역)	가	갸	거	겨	고	교	구	규	그	기
ㄴ (니은)	나	냐	너	녀	노	뇨	누	뉴	느	니
ㄷ (디귿)	다	댜	더	뎌	도	됴	두	듀	드	디
ㄹ (리을)	라	랴	러	려	로	료	루	류	르	리
ㅁ (미음)	마	먀	머	며	모	묘	무	뮤	므	미
ㅂ (비읍)	바	뱌	버	벼	보	뵤	부	뷰	브	비
ㅅ (시옷)	사	샤	서	셔	소	쇼	수	슈	스	시
ㅇ (이응)	아	야	어	여	오	요	우	유	으	이
ㅈ (지읒)	자	쟈	저	져	조	죠	주	쥬	즈	지
ㅊ (치읓)	차	챠	처	쳐	초	쵸	추	츄	츠	치
ㅋ (키읔)	카	캬	커	켜	코	쿄	쿠	큐	크	키
ㅌ (티읕)	타	탸	터	텨	토	툐	투	튜	트	티
ㅍ (피읖)	파	퍄	퍼	펴	포	표	푸	퓨	프	피
ㅎ (히읗)	하	햐	허	혀	호	효	후	휴	흐	히

제2장

모음

Capitolul 2
Vocale

01 모음 [Vocale]

월   일

📖 모음 읽기 [Citirea vocalelor]

ㅏ	ㅑ	ㅓ	ㅕ	ㅗ
아(A)	야(Ya)	어(Eo)	여(Yeo)	오(O)
ㅛ	ㅜ	ㅠ	ㅡ	ㅣ
요(Yo)	우(U)	유(Yu)	으(Eu)	이(I)

✏️ 모음 쓰기 [Scrierea vocalelor]

ㅏ	ㅑ	ㅓ	ㅕ	ㅗ
아(A)	야(Ya)	어(Eo)	여(Yeo)	오(O)
ㅛ	ㅜ	ㅠ	ㅡ	ㅣ
요(Yo)	우(U)	유(Yu)	으(Eu)	이(I)

02 모음 [Vocale]

모음 익히기 [Exersarea vocalelor]

다음 모음을 쓰는 순서에 맞게 따라 쓰세요.
(Urmați ordinea scrierii de mai jos și copiați fiecare vocală.)

모음 Vocale	이름 Nume	쓰는 순서 Ordinea scrierii	영어 표기 Notație engleză	쓰기 Scriere				
ㅏ	아		A	ㅏ				
ㅑ	야		Ya	ㅑ				
ㅓ	어		Eo	ㅓ				
ㅕ	여		Yeo	ㅕ				
ㅗ	오		O	ㅗ				
ㅛ	요		Yo	ㅛ				
ㅜ	우		U	ㅜ				
ㅠ	유		Yu	ㅠ				
ㅡ	으		Eu	ㅡ				
ㅣ	이		I	ㅣ				

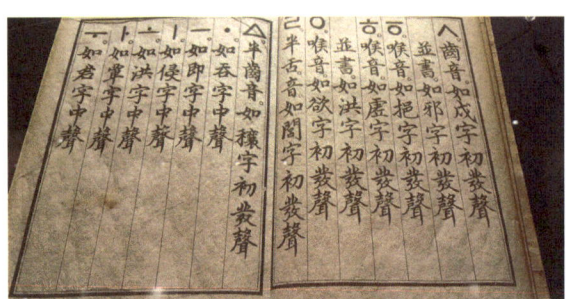
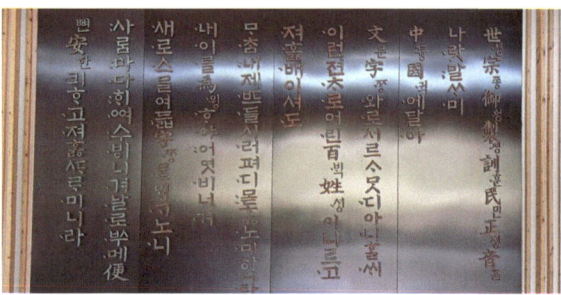

- 훈민정음(訓民正音) : 새로 창제된 훈민정음을 1446년(세종 28) 정인지 등 집현전 학사들이 저술한 한문해설서이다. 해례가 붙어 있어서〈훈민정음 해례본 訓民正音 解例本〉이라고도 하며 예의(例義), 해례(解例), 정인지 서문으로 구성되어 있다. 특히 서문에는 **훈민정음을 만든 이유**, 편찬자, 편년월일, 우수성을 기록하고 있다. 1997년 유네스코 세계기록유산으로 등록되었다.

■ 훈민정음(訓民正音)을 만든 이유

- 훈민정음은 백성을 가르치는 바른 소리 -

훈민정음 서문에 나오는 '나랏말씀이 중국과 달라 한자와 서로 통하지 않는다.' 는 말은 풍속과 기질이 달라 성음(聲音)이 서로 같지 않게 된다는 것이다.

"이런 이유로 어리석은 백성이 말하고 싶은 것이 있어도 마침내 제 뜻을 표현하지 못하는 사람이 많다. 이를 불쌍히 여겨 새로 28자를 만들었으니 사람마다 쉽게 익혀 씀에 편하게 할 뿐이다."

지혜로운 사람은 아침나절이 되기 전에 이해하고 어리석은 사람도 열흘이면 배울 수 있는 훈민정음은 바람소리, 학의 울음이나 닭 울음소리, 개 짖는 소리까지 모두 표현해 쓸 수 있어 지구상의 모든 문자 가운데 가장 창의적이고 과학적이라는 찬사를 받는 문자이다.

-세종 28년-

■ 세종대왕 약력

- 조선 제4대 왕
- 이름: 이도
- 출생지: 서울(한양)
- 생년월일: 1397년 5월 15일~1450년 2월 17일
- 재위 기간: 1418년 8월~1450년 2월(31년 6개월)

■ De ce a fost creat Hunminjeongeum

- Hunminjeongeum înseamnă „sunetele corecte pentru educația poporului". -

În prefața Hunminjeongeum, fraza „Limba țării noastre este diferită de limba care se vorbește în China și, de aceea, nu corespunde cu caracterele chinezești" sugerează că, deoarece obiceiurile și temperamentele sunt diferite, sunetele nu sunt aceleași.

„Din acest motiv, mulți oameni obișnuiți, chiar și când au ceva de spus, sunt, în cele din urmă, incapabili să-și exprime gândurile. Din milă față de ei, am creat acum 28 de litere pentru ca toată lumea să le poată învăța ușor și să le folosească comod."

Hunminjeongeum, pe care o persoană înțeleaptă o poate învăța înainte de sfârșitul dimineții și pe care chiar și un învățăcel mai lent o poate stăpâni în zece zile, poate reprezenta totul, de la sunetul vântului până la țipetele cocorilor, cocoșii care cântă și câinii care latră, fiind lăudată drept cea mai creativă și știițifică scriere dintre toate sistemele de scriere de pe pământ.

- Al 28-lea an al domniei regelui Sejong -

■ Scurtă biografie a regelui Sejong cel Mare

- Al patrulea rege al dinastiei Joseon
- Nume: Yi Do
- Locul nașterii: Seoul (Hanyang)
- Data nașterii: 15 mai 1397 - 17 februarie 1450
- Domnie: august 1418 - februarie 1450 (31 de ani și 6 luni)

겹자음과 겹모음

Capitolul 3
Consoane duble şi
vocale duble

01 겹자음 [Consoanele duble]

월   일

겹자음 읽기 [Citirea consoanelor duble]

ㄲ	ㄸ	ㅃ	ㅆ	ㅉ
쌍기역 (Ssanggiyeok)	쌍디귿 (Ssangdigeut)	쌍비읍 (Ssangbieup)	쌍시옷 (Ssangsiot)	쌍지읒 (Ssangjieut)

겹자음 쓰기 [Scrierea consoanelor duble]

ㄲ	ㄸ	ㅃ	ㅆ	ㅉ
쌍기역 (Ssanggiyeok)	쌍디귿 (Ssangdigeut)	쌍비읍 (Ssangbieup)	쌍시옷 (Ssangsiot)	쌍지읒 (Ssangjieut)

겹자음 익히기 [Exersarea consoanelor duble]

다음 겹자음을 쓰는 순서에 맞게 따라 쓰세요.
(Urmați ordinea scrierii de mai jos și copiați fiecare consoană dublă.)

겹자음 Consoanele duble	이름 Nume	쓰는 순서 Ordinea scrierii	영어 표기 Notație engleză	쓰기 Scriere				
ㄲ	쌍기역		Ssanggiyeok	ㄲ				
ㄸ	쌍디귿		Ssangdigeut	ㄸ				
ㅃ	쌍비읍		Ssangbieup	ㅃ				
ㅆ	쌍시옷		Ssangsiot	ㅆ				
ㅉ	쌍지읒		Ssangjieut	ㅉ				

O2 겹모음 [Vocalele duble]

월   일

🎵 겹모음 읽기 [Citirea vocalelor duble]

ㅐ	ㅔ	ㅒ	ㅖ	ㅘ
애(Ae)	에(E)	얘(Yae)	예(Ye)	와(Wa)
ㅙ	ㅚ	ㅝ	ㅞ	ㅟ
왜(Wae)	외(Oe)	워(Wo)	웨(We)	위(Wi)
ㅢ				
의(Ui)				

🎵 겹모음 쓰기 [Scrierea vocalelor duble]

애(Ae)	에(E)	얘(Yae)	예(Ye)	와(Wa)
왜(Wae)	외(Oe)	워(Wo)	웨(We)	위(Wi)
의(Ui)				

 **O2**

겹모음 [Vocalele duble]

월   일

 겹모음 익히기 [Exersarea vocalelor duble]

다음 겹모음을 쓰는 순서에 맞게 따라 쓰세요.

(Urmați ordinea scrierii de mai jos și copiați fiecare vocală dublă.)

겹모음 Vocalele duble	이름 Nume	쓰는 순서 Ordinea scrierii	영어 표기 Notație engleză	쓰기 Scriere				
ㅐ	애		Ae	ㅐ				
ㅔ	에		E	ㅔ				
ㅒ	얘		Yae	ㅒ				
ㅖ	예		Ye	ㅖ				
ㅘ	와		Wa	ㅘ				
ㅙ	왜		Wae	ㅙ				
ㅚ	외		Oe	ㅚ				
ㅝ	워		Wo	ㅝ				
ㅞ	웨		We	ㅞ				
ㅟ	위		Wi	ㅟ				
ㅢ	의		Ui	ㅢ				

음절표

Capitolul 4
Tabelul silabelor

01 자음+모음(ㅏ)
[Consoană + vocală (ㅏ)]

월 일

자음+모음(ㅏ) 읽기 [Citire consoană + vocală (ㅏ)]

가	나	다	라	마
Ga	Na	Da	Ra	Ma
바	사	아	자	차
Ba	Sa	A	Ja	Cha
카	타	파	하	
Ka	Ta	Pa	Ha	

자음+모음(ㅏ) 쓰기 [Scriere consoană + vocală (ㅏ)]

가	나	다	라	마
Ga	Na	Da	Ra	Ma
바	사	아	자	차
Ba	Sa	A	Ja	Cha
카	타	파	하	
Ka	Ta	Pa	Ha	

01 자음+모음(ㅏ)
[Consoană + vocală (ㅏ)]

월 일

자음+모음(ㅏ) 익히기 [Consoană + vocală (ㅏ)]

다음 자음+모음(ㅏ)을 쓰는 순서에 맞게 따라 쓰세요.

(Urmați ordinea scrierii de mai jos și copiați fiecare combinație de consoană + vocală (ㅏ))

자음+모음(ㅏ) Consoană + vocală (ㅏ)	이름 Nume	쓰는 순서 Ordinea scrierii	영어 표기 Notație engleză	쓰기 Scriere					
ㄱ+ㅏ	가	가	Ga	가					
ㄴ+ㅏ	나	나	Na	나					
ㄷ+ㅏ	다	다	Da	다					
ㄹ+ㅏ	라	라	Ra	라					
ㅁ+ㅏ	마	마	Ma	마					
ㅂ+ㅏ	바	바	Ba	바					
ㅅ+ㅏ	사	사	Sa	사					
ㅇ+ㅏ	아	아	A	아					
ㅈ+ㅏ	자	자	Ja	자					
ㅊ+ㅏ	차	차	Cha	차					
ㅋ+ㅏ	카	카	Ka	카					
ㅌ+ㅏ	타	타	Ta	타					
ㅍ+ㅏ	파	파	Pa	파					
ㅎ+ㅏ	하	하	Ha	하					

자음+모음(ㅓ) 읽기 [Citire consoană + vocală (ㅓ)]

거	너	더	러	머
Geo	Neo	Deo	Reo	Meo
버	서	어	저	처
Beo	Seo	Eo	Jeo	Cheo
커	터	퍼	허	
Keo	Teo	Peo	Heo	

자음+모음(ㅓ) 쓰기 [Scriere consoană + vocală (ㅓ)]

거	너	더	러	머
Geo	Neo	Deo	Reo	Meo
버	서	어	저	처
Beo	Seo	Eo	Jeo	Cheo
커	터	퍼	허	
Keo	Teo	Peo	Heo	

자음+모음(ㅓ)
[Consoană + vocală (ㅓ)]

월   일

자음+모음(ㅓ) 익히기 [Consoană + vocală (ㅓ)]

다음 자음+모음(ㅓ)을 쓰는 순서에 맞게 따라 쓰세요.

(Urmați ordinea scrierii de mai jos și copiați fiecare combinație de consoană + vocală (ㅓ))

자음+모음(ㅓ) Consoană + vocală (ㅓ)	이름 Nume	쓰는 순서 Ordinea scrierii	영어 표기 Notație engleză	쓰기 Scriere			
ㄱ+ㅓ	거	거	Geo	거			
ㄴ+ㅓ	너	너	Neo	너			
ㄷ+ㅓ	더	더	Deo	더			
ㄹ+ㅓ	러	러	Reo	러			
ㅁ+ㅓ	머	머	Meo	머			
ㅂ+ㅓ	버	버	Beo	버			
ㅅ+ㅓ	서	서	Seo	서			
ㅇ+ㅓ	어	어	Eo	어			
ㅈ+ㅓ	저	저	Jeo	저			
ㅊ+ㅓ	처	처	Cheo	처			
ㅋ+ㅓ	커	커	Keo	커			
ㅌ+ㅓ	터	터	Teo	터			
ㅍ+ㅓ	퍼	퍼	Peo	퍼			
ㅎ+ㅓ	허	허	Heo	허			

O3 자음+모음(ㅗ)
[Consoană + vocală (ㅗ)]

월   일

자음+모음(ㅗ) 읽기 [Citire consoană + vocală (ㅗ)]

고	노	도	로	모
Go	No	Do	Ro	Mo
보	소	오	조	초
Bo	So	O	Jo	Cho
코	토	포	호	
Ko	To	Po	Ho	

자음+모음(ㅗ) 쓰기 [Scriere consoană + vocală (ㅗ)]

고	노	도	로	모
Go	No	Do	Ro	Mo
보	소	오	조	초
Bo	So	O	Jo	Cho
코	토	포	호	
Ko	To	Po	Ho	

자음+모음(ㅗ)
[Consoană + vocală (ㅗ)]

월 일

자음+모음(ㅗ) 익히기 [Consoană + vocală (ㅗ)]

다음 자음+모음(ㅗ)을 쓰는 순서에 맞게 따라 쓰세요.

(Urmați ordinea scrierii de mai jos și copiați fiecare combinație de consoană + vocală (ㅗ))

자음+모음(ㅗ) Consoană + vocală (ㅗ)	이름 Nume	쓰는 순서 Ordinea scrierii	영어 표기 Notație engleză	쓰기 Scriere				
ㄱ+ㅗ	고	고	Go	고				
ㄴ+ㅗ	노	노	No	노				
ㄷ+ㅗ	도	도	Do	도				
ㄹ+ㅗ	로	로	Ro	로				
ㅁ+ㅗ	모	모	Mo	모				
ㅂ+ㅗ	보	보	Bo	보				
ㅅ+ㅗ	소	소	So	소				
ㅇ+ㅗ	오	오	O	오				
ㅈ+ㅗ	조	조	Jo	조				
ㅊ+ㅗ	초	초	Cho	초				
ㅋ+ㅗ	코	코	Ko	코				
ㅌ+ㅗ	토	토	To	토				
ㅍ+ㅗ	포	포	Po	포				
ㅎ+ㅗ	호	호	Ho	호				

 **O4 자음+모음 (ㅜ)**
[Consoană + vocală (ㅜ)]

월 일

자음+모음 (ㅜ) 읽기 [Citire consoană + vocală (ㅜ)]

구	누	두	루	무
Gu	Nu	Du	Ru	Mu
부	수	우	주	추
Bu	Su	U	Ju	Chu
쿠	투	푸	후	
Ku	Tu	Pu	Hu	

자음+모음 (ㅜ) 쓰기 [Scriere consoană + vocală (ㅜ)]

구	누	두	루	무
Gu	Nu	Du	Ru	Mu
부	수	우	주	추
Bu	Su	U	Ju	Chu
쿠	투	푸	후	
Ku	Tu	Pu	Hu	

04 자음+모음(ㅜ)
[Consoană + vocală (ㅜ)]

월   일

자음+모음(ㅜ) 익히기 [Consoană + vocală (ㅜ)]

다음 자음+모음(ㅜ)을 쓰는 순서에 맞게 따라 쓰세요.

(Urmați ordinea scrierii de mai jos și copiați fiecare combinație de consoană + vocală (ㅜ))

자음+모음(ㅜ) Consoană + vocală (ㅜ)	이름 Nume	쓰는 순서 Ordinea scrierii	영어 표기 Notație engleză	쓰기 Scriere			
ㄱ+ㅜ	구	구	Gu	구			
ㄴ+ㅜ	누	누	Nu	누			
ㄷ+ㅜ	두	두	Du	두			
ㄹ+ㅜ	루	루	Ru	루			
ㅁ+ㅜ	무	무	Mu	무			
ㅂ+ㅜ	부	부	Bu	부			
ㅅ+ㅜ	수	수	Su	수			
ㅇ+ㅜ	우	우	U	우			
ㅈ+ㅜ	주	주	Ju	주			
ㅊ+ㅜ	추	추	Chu	추			
ㅋ+ㅜ	쿠	쿠	Ku	쿠			
ㅌ+ㅜ	투	투	Tu	투			
ㅍ+ㅜ	푸	푸	Pu	푸			
ㅎ+ㅜ	후	후	Hu	후			

05 자음+모음(ㅡ)
[Consoană + vocală (ㅡ)]

자음+모음(ㅡ) 읽기 [Citire consoană + vocală (ㅡ)]

ㄱ	ㄴ	ㄷ	ㄹ	ㅁ
Geu	Neu	Deu	Reu	Meu
ㅂ	ㅅ	ㅇ	ㅈ	ㅊ
Beu	Seu	Eu	Jeu	Cheu
ㅋ	ㅌ	ㅍ	ㅎ	
Keu	Teu	Peu	Heu	

자음+모음(ㅡ) 쓰기 [Scriere consoană + vocală (ㅡ)]

ㄱ	ㄴ	ㄷ	ㄹ	ㅁ
Geu	Neu	Deu	Reu	Meu
ㅂ	ㅅ	ㅇ	ㅈ	ㅊ
Beu	Seu	Eu	Jeu	Cheu
ㅋ	ㅌ	ㅍ	ㅎ	
Keu	Teu	Peu	Heu	

O5 자음+모음(ㅡ)
[Consoană + vocală (ㅡ)]

월 일

자음+모음(ㅡ) 익히기 [Consoană + vocală (ㅡ)]

다음 자음+모음(ㅡ)을 쓰는 순서에 맞게 따라 쓰세요.

(Urmați ordinea scrierii de mai jos și copiați fiecare combinație de consoană + vocală (ㅡ))

자음+모음(ㅡ) Consoană + vocală (ㅡ)	이름 Nume	쓰는 순서 Ordinea scrierii	영어 표기 Notație engleză	쓰기 Scriere				
ㄱ+ㅡ	그	그	Geu	그				
ㄴ+ㅡ	느	느	Neu	느				
ㄷ+ㅡ	드	드	Deu	드				
ㄹ+ㅡ	르	르	Reu	르				
ㅁ+ㅡ	므	므	Meu	므				
ㅂ+ㅡ	브	브	Beu	브				
ㅅ+ㅡ	스	스	Seu	스				
ㅇ+ㅡ	으	으	Eu	으				
ㅈ+ㅡ	즈	즈	Jeu	즈				
ㅊ+ㅡ	츠	츠	Cheu	츠				
ㅋ+ㅡ	크	크	Keu	크				
ㅌ+ㅡ	트	트	Teu	트				
ㅍ+ㅡ	프	프	Peu	프				
ㅎ+ㅡ	흐	흐	Heu	흐				

06 자음+모음(ㅑ)
[Consoană + vocală (ㅑ)]

월   일

자음+모음(ㅑ) 읽기 [Citire consoană + vocală (ㅑ)]

갸	냐	댜	랴	먀
Gya	Nya	Dya	Rya	Mya
뱌	샤	야	쟈	챠
Bya	Sya	Ya	Jya	Chya
캬	탸	퍄	햐	
Kya	Tya	Pya	Hya	

자음+모음(ㅑ) 쓰기 [Scriere consoană + vocală (ㅑ)]

갸	냐	댜	랴	먀
Gya	Nya	Dya	Rya	Mya
뱌	샤	야	쟈	챠
Bya	Sya	Ya	Jya	Chya
캬	탸	퍄	햐	
Kya	Tya	Pya	Hya	

O6 자음+모음(ㅑ)
[Consoană + vocală (ㅑ)]

월   일

자음+모음(ㅑ) 익히기 [Consoană + vocală (ㅑ)]

다음 자음+모음(ㅑ)을 쓰는 순서에 맞게 따라 쓰세요.

(Urmați ordinea scrierii de mai jos și copiați fiecare combinație de consoană + vocală (ㅑ))

자음+모음(ㅑ) Consoană + vocală (ㅑ)	이름 Nume	쓰는 순서 Ordinea scrierii	영어 표기 Notație engleză	쓰기 Scriere				
ㄱ+ㅑ	갸	갸	Gya	갸				
ㄴ+ㅑ	냐	냐	Nya	냐				
ㄷ+ㅑ	댜	댜	Dya	댜				
ㄹ+ㅑ	랴	랴	Rya	랴				
ㅁ+ㅑ	먀	먀	Mya	먀				
ㅂ+ㅑ	뱌	뱌	Bya	뱌				
ㅅ+ㅑ	샤	샤	Sya	샤				
ㅇ+ㅑ	야	야	Ya	야				
ㅈ+ㅑ	쟈	쟈	Jya	쟈				
ㅊ+ㅑ	챠	챠	Chya	챠				
ㅋ+ㅑ	캬	캬	Kya	캬				
ㅌ+ㅑ	탸	탸	Tya	탸				
ㅍ+ㅑ	퍄	퍄	Pya	퍄				
ㅎ+ㅑ	햐	햐	Hya	햐				

07 자음+모음(ㅕ)
[Consoană + vocală (ㅕ)]

월 일

자음+모음(ㅕ) 읽기 [Citire consoană + vocală (ㅕ)]

겨	녀	뎌	려	며
Gyeo	Nyeo	Dyeo	Ryeo	Myeo
벼	셔	여	져	쳐
Byeo	Syeo	Yeo	Jyeo	Chyeo
켜	텨	펴	혀	
Kya	Tyeo	Pyeo	Hyeo	

자음+모음(ㅕ) 쓰기 [Scriere consoană + vocală (ㅕ)]

겨	녀	뎌	려	며
Gyeo	Nyeo	Dyeo	Rya	Myeo
벼	셔	여	져	쳐
Byeo	Syeo	Yeo	Jyeo	Chyeo
켜	텨	펴	혀	
Kyeo	Tyeo	Pyeo	Hyeo	

07 자음+모음 (ㅕ)
[Consoană + vocală (ㅕ)]

월   일

자음+모음(ㅕ) 익히기 [Consoană + vocală (ㅕ)]

다음 자음+모음(ㅕ)을 쓰는 순서에 맞게 따라 쓰세요.

(Urmați ordinea scrierii de mai jos și copiați fiecare combinație de consoană + vocală (ㅕ))

자음+모음(ㅕ) Consoană + vocală (ㅕ)	이름 Nume	쓰는 순서 Ordinea scrierii	영어 표기 Notație engleză	쓰기 Scriere				
ㄱ+ㅕ	겨	겨	Gyeo	겨				
ㄴ+ㅕ	녀	녀	Nyeo	녀				
ㄷ+ㅕ	뎌	뎌	Dyeo	뎌				
ㄹ+ㅕ	려	려	Ryeo	려				
ㅁ+ㅕ	며	며	Myeo	며				
ㅂ+ㅕ	벼	벼	Byeo	벼				
ㅅ+ㅕ	셔	셔	Syeo	셔				
ㅇ+ㅕ	여	여	Yeo	여				
ㅈ+ㅕ	져	져	Jyeo	져				
ㅊ+ㅕ	쳐	쳐	Chyeo	쳐				
ㅋ+ㅕ	켜	켜	Kyeo	켜				
ㅌ+ㅕ	텨	텨	Tyeo	텨				
ㅍ+ㅕ	펴	펴	Pyeo	펴				
ㅎ+ㅕ	펴	혀	Hyeo	혀				

O8 자음+모음 (ㅛ)
[Consoană + vocală (ㅛ)]

자음+모음 (ㅛ) 읽기 [Citire consoană + vocală (ㅛ)]

교	뇨	됴	료	묘
Gyo	Nyo	Dyo	Ryo	Myo
뵤	쇼	요	죠	쵸
Byo	Syo	Yo	Jyo	Chyo
쿄	툐	표	효	
Kyo	Tyo	Pyo	Hyo	

자음+모음 (ㅛ) 쓰기 [Scriere consoană + vocală (ㅛ)]

Gyo	Nyo	Dyo	Ryo	Myo
Byo	Syo	Yo	Jyo	Chyo
Kyo	Tyo	Pyo	Hyo	

자음+모음(ㅛ)
[Consoană + vocală (ㅛ)]

월   일

자음+모음(ㅛ) 익히기 [Consoană + vocală (ㅛ)]

다음 자음+모음(ㅛ)을 쓰는 순서에 맞게 따라 쓰세요.

(Urmați ordinea scrierii de mai jos și copiați fiecare combinație de consoană + vocală (ㅛ))

자음+모음(ㅛ) Consoană + vocală (ㅛ)	이름 Nume	쓰는 순서 Ordinea scrierii	영어 표기 Notație engleză	쓰기 Scriere				
ㄱ+ㅛ	교	교	Gyo	교				
ㄴ+ㅛ	뇨	뇨	Nyo	뇨				
ㄷ+ㅛ	됴	됴	Dyo	됴				
ㄹ+ㅛ	료	료	Ryo	료				
ㅁ+ㅛ	묘	묘	Myo	묘				
ㅂ+ㅛ	뵤	뵤	Byo	뵤				
ㅅ+ㅛ	쇼	쇼	Syo	쇼				
ㅇ+ㅛ	요	요	Yo	요				
ㅈ+ㅛ	죠	죠	Jyo	죠				
ㅊ+ㅛ	쵸	쵸	Chyo	쵸				
ㅋ+ㅛ	쿄	쿄	Kyo	쿄				
ㅌ+ㅛ	툐	툐	Tyo	툐				
ㅍ+ㅛ	표	표	Pyo	표				
ㅎ+ㅛ	효	효	Hyo	효				

자음+모음(ㅠ) 읽기 [Citire consoană + vocală (ㅠ)]

규	뉴	듀	류	뮤
Gyu	Nyu	Dyu	Ryu	Myu
뷰	슈	유	쥬	츄
Byu	Syu	Yu	Jyu	Chyu
큐	튜	퓨	휴	
Kyu	Tyu	Pyu	Hyu	

자음+모음(ㅠ) 쓰기 [Scriere consoană + vocală (ㅠ)]

규	뉴	듀	류	뮤
Gyu	Nyu	Dyu	Ryu	Myu
뷰	슈	유	쥬	츄
Byu	Syu	Yu	Jyu	Chyu
큐	튜	퓨	휴	
Kyu	Tyu	Pyu	Hyu	

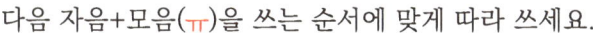

자음+모음(ㅠ) 익히기 [Consoană + vocală (ㅠ)]

다음 자음+모음(ㅠ)을 쓰는 순서에 맞게 따라 쓰세요.

(Urmați ordinea scrierii de mai jos și copiați fiecare combinație de consoană + vocală (ㅠ))

자음+모음(ㅠ) Consoană + vocală (ㅠ)	이름 Nume	쓰는 순서 Ordinea scrierii	영어 표기 Notație engleză	쓰기 Scriere			
ㄱ+ㅠ	규	규	Gyu	규			
ㄴ+ㅠ	뉴	뉴	Nyu	뉴			
ㄷ+ㅠ	듀	듀	Dyu	듀			
ㄹ+ㅠ	류	류	Ryu	류			
ㅁ+ㅠ	뮤	뮤	Myu	뮤			
ㅂ+ㅠ	뷰	뷰	Byu	뷰			
ㅅ+ㅠ	슈	슈	Syu	슈			
ㅇ+ㅠ	유	유	Yu	유			
ㅈ+ㅠ	쥬	쥬	Jyu	쥬			
ㅊ+ㅠ	츄	츄	Chyu	츄			
ㅋ+ㅠ	큐	큐	Kyu	큐			
ㅌ+ㅠ	튜	튜	Tyu	튜			
ㅍ+ㅠ	퓨	퓨	Pyu	퓨			
ㅎ+ㅠ	휴	휴	Hyu	휴			

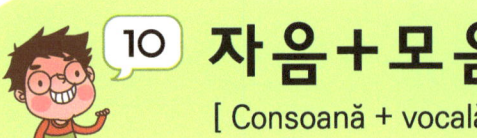

10 자음+모음(ㅣ)

[Consoană + vocală (ㅣ)]

월 일

자음+모음(ㅣ) 읽기 [Citire consoană + vocală (ㅣ)]

기	니	디	리	미
Gi	Ni	Di	Ri	Mi
비	시	이	지	치
Bi	Si	I	Ji	Chi
키	티	피	히	
Ki	Ti	Pi	Hi	

자음+모음(ㅣ) 쓰기 [Scriere consoană + vocală (ㅣ)]

기	니	디	리	미
Gi	Ni	Di	Ri	Mi
비	시	이	지	치
Bi	Si	I	Ji	Chi
키	티	피	히	
Ki	Ti	Pi	Hi	

10 자음+모음(ㅣ)
[Consoană + vocală (ㅣ)]

월 일

자음+모음(ㅣ) 익히기 [Consoană + vocală (ㅣ)]

다음 자음+모음(ㅣ)을 쓰는 순서에 맞게 따라 쓰세요.

(Urmaţi ordinea scrierii de mai jos şi copiaţi fiecare combinaţie de consoană + vocală (ㅣ))

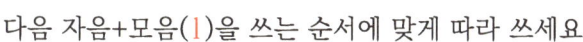

자음+모음(ㅣ) Consoană + vocală (ㅣ)	이름 Nume	쓰는 순서 Ordinea scrierii	영어 표기 Notaţie engleză	쓰기 Scriere				
ㄱ+ㅣ	기	기	Gi	기				
ㄴ+ㅣ	니	니	Ni	니				
ㄷ+ㅣ	디	디	Di	디				
ㄹ+ㅣ	리	리	Ri	리				
ㅁ+ㅣ	미	미	Mi	미				
ㅂ+ㅣ	비	비	Bi	비				
ㅅ+ㅣ	시	시	Si	시				
ㅇ+ㅣ	이	이	I	이				
ㅈ+ㅣ	지	지	Ji	지				
ㅊ+ㅣ	치	치	Chi	치				
ㅋ+ㅣ	키	키	Ki	키				
ㅌ+ㅣ	티	티	Ti	티				
ㅍ+ㅣ	피	피	Pi	피				
ㅎ+ㅣ	히	히	Hi	히				

한글 자음과 모음 받침표
[Graficul cu consoanele, vocalele și consoana finală din Hangul]

 월   일

※ 참고 : 받침 'ㄱ~ㅎ'(49p~62P)에서 학습할 내용

mp3 / 받침	가	나	다	라	마	바	사	아	자	차	카	타	파	하
ㄱ	각	낙	닥	락	막	박	삭	악	작	착	칵	탁	팍	학
ㄴ	간	난	단	란	만	반	산	안	잔	찬	칸	탄	판	한
ㄷ	갇	낟	닫	랃	맏	받	삳	앋	잗	찯	칻	탇	팓	핟
ㄹ	갈	날	달	랄	말	발	살	알	잘	찰	칼	탈	팔	할
ㅁ	감	남	담	람	맘	밤	삼	암	잠	참	캄	탐	팜	함
ㅂ	갑	납	답	랍	맙	밥	삽	압	잡	찹	캅	탑	팝	합
ㅅ	갓	낫	닷	랏	맛	밧	삿	앗	잣	찻	캇	탓	팟	핫
ㅇ	강	낭	당	랑	망	방	상	앙	장	창	캉	탕	팡	항
ㅈ	갖	낮	닺	랒	맞	밪	삿	앚	잦	찾	캊	탖	팢	핮
ㅊ	갗	낯	닻	랓	맟	밫	삯	앛	잧	찿	캋	탗	팣	핫
ㅋ	갘	낰	닼	랔	맠	밬	삵	앜	잨	챀	캌	탘	팤	핰
ㅌ	같	낱	닽	랕	맡	밭	샅	앝	잩	챁	캍	탙	팥	핱
ㅍ	갚	낲	닾	랖	맢	밮	샆	앞	잪	챂	캎	탚	팦	핲
ㅎ	갛	낳	닿	랗	망	밯	샇	앟	잫	챃	캏	탛	팧	항

제5장

자음과 겹모음

Capitolul 5
Consoane și vocale duble

국어국립원의 '우리말샘'에 등록되지 않은 글자. 또는 쓰임이 적은 글자를 아래와 같이 수록하니, 학습에 참고하시길 바랍니다.

페이지	'우리말샘'에 등록되지 않은 글자. 또는 쓰임이 적은 글자
42p	뎨(Dye) 볘(Bye) 졔(Jye) 쳬(Chye) 톄(Tye)
43p	돠(Dwa) 롸(Rwa) 뫄(Mwa) 톼(Twa) 퐈(Pwa)
44p	놰(Nwae) 뢔(Rwae) 뫠(Mwae) 쵀(Chwae) 퐤(Pwae)
46p	풔(Pwo)
48p	듸(Dui) 릐(Rui) 믜(Mui) 븨(Bui) 싀(Sui) 즤(Jui) 츼(Chui) 킈(Kui)
51p	랃(Rat) 앋(At) 찯(Chat) 칻(Kat) 탇(Tat) 팓(Pat)
57p	샂(Sat) 캊(Kat) 탖(Tat) 팢(Pat) 핮(Hat)
58p	랓(Rat) 맟(Mat) 밫(Bat) 샃(Sat) 앛(At) 잧(Jat) 챷(Chat) 캋(Chat) 탗(Tat) 팣(Pat) 핯(Hat)
59p	갘(Gak) 낰(Nak) 닼(Dak) 랔(Rak) 맠(Mak) 밬(Bak) 샄(Sak) 잨(Jak) 챀(Chak) 캌(Kak) 팤(Pak) 핰(Hak)
60p	닽(Dat) 랕(Rat) 잩(Jat) 챁(Chat) 캍(Kat) 탙(Tat) 핱(Hat)
61p	닾(Dap) 맢(Map) 밮(Bap) 챂(Chap) 캎(Kap) 탚(Tap) 팦(Pap) 핲(Hap)
62p	밯(Bat) 샇(Sat) 앟(At) 잫(Jat) 챃(Chat) 캏(Kat) 탛(Tat) 팧(Pat) 핳(Hat)

01 자음+겹모음(ㅐ)

[Consoană + vocală dublă (ㅐ)]

월   일

자음+겹모음(ㅐ) [Consoană + vocală dublă (ㅐ)]

다음 자음+겹모음(ㅐ)을 쓰는 순서에 맞게 따라 쓰세요.

(Urmați ordinea scrierii de mai jos și copiați-o fiecare combinație de consoană + vocală dublă (ㅐ))

자음+겹모음(ㅐ) Consoană + vocală dublă (ㅐ)	영어 표기 Notație engleză	쓰기 Scriere					
ㄱ+ㅐ	Gae	개					
ㄴ+ㅐ	Nae	내					
ㄷ+ㅐ	Dae	대					
ㄹ+ㅐ	Rae	래					
ㅁ+ㅐ	Mae	매					
ㅂ+ㅐ	Bae	배					
ㅅ+ㅐ	Sae	새					
ㅇ+ㅐ	Ae	애					
ㅈ+ㅐ	Jae	재					
ㅊ+ㅐ	Chae	채					
ㅋ+ㅐ	Kae	캐					
ㅌ+ㅐ	Tae	태					
ㅍ+ㅐ	Pae	패					
ㅎ+ㅐ	Hae	해					

O2 자음+겹모음(ㅔ)

[Consoană + vocală dublă (ㅔ)]

월   일

자음+겹모음(ㅔ) [Consoană + vocală dublă (ㅔ)]

다음 자음+겹모음(ㅔ)을 쓰는 순서에 맞게 따라 쓰세요.

(Urmați ordinea scrierii de mai jos și copiați-o fiecare combinație de consoană + vocală dublă (ㅔ))

자음+겹모음(ㅔ) Consoană + vocală dublă (ㅔ)	영어 표기 Notație engleză	쓰기 Scriere						
ㄱ+ㅔ	Ge	게						
ㄴ+ㅔ	Ne	네						
ㄷ+ㅔ	De	데						
ㄹ+ㅔ	Re	레						
ㅁ+ㅔ	Me	메						
ㅂ+ㅔ	Be	베						
ㅅ+ㅔ	Se	세						
ㅇ+ㅔ	E	에						
ㅈ+ㅔ	Je	제						
ㅊ+ㅔ	Che	체						
ㅋ+ㅔ	Ke	케						
ㅌ+ㅔ	Te	테						
ㅍ+ㅔ	Pe	페						
ㅎ+ㅔ	He	헤						

자음+겹모음(ㅖ) [Consoană + vocală dublă (ㅖ)]

다음 자음+겹모음(ㅖ)을 쓰는 순서에 맞게 따라 쓰세요.

(Urmați ordinea scrierii de mai jos și copiați-o fiecare combinație de consoană + vocală dublă (ㅖ))

자음+겹모음(ㅖ) Consoană + vocală dublă (ㅖ)	영어 표기 Notație engleză	쓰기 Scriere						
ㄱ+ㅖ	Gye	계						
ㄴ+ㅖ	Nye	녜						
ㄷ+ㅖ	Dye	뎨						
ㄹ+ㅖ	Rye	례						
ㅁ+ㅖ	Mye	몌						
ㅂ+ㅖ	Bye	볘						
ㅅ+ㅖ	Sye	셰						
ㅇ+ㅖ	Ye	예						
ㅈ+ㅖ	Jye	졔						
ㅊ+ㅖ	Chye	쳬						
ㅋ+ㅖ	Kye	켸						
ㅌ+ㅖ	Tye	톄						
ㅍ+ㅖ	Pye	폐						
ㅎ+ㅖ	Hye	혜						

O4 자음+겹모음(ㅘ)
[Consoană + vocală dublă (ㅘ)]

월   일

자음+겹모음(ㅘ) [Consoană + vocală dublă (ㅘ)]

다음 자음+겹모음(ㅘ)을 쓰는 순서에 맞게 따라 쓰세요.

(Urmați ordinea scrierii de mai jos și copiați-o fiecare combinație de consoană + vocală dublă (ㅘ))

자음+겹모음(ㅘ) Consoană + vocală dublă (ㅘ)	영어 표기 Notație engleză	쓰기 Scriere					
ㄱ+ㅘ	Gwa	과					
ㄴ+ㅘ	Nwa	놔					
ㄷ+ㅘ	Dwa	돠					
ㄹ+ㅘ	Rwa	롸					
ㅁ+ㅘ	Mwa	뫄					
ㅂ+ㅘ	Bwa	봐					
ㅅ+ㅘ	Swa	솨					
ㅇ+ㅘ	Wa	와					
ㅈ+ㅘ	Jwa	좌					
ㅊ+ㅘ	Chwa	촤					
ㅋ+ㅘ	Kwa	콰					
ㅌ+ㅘ	Twa	톼					
ㅍ+ㅘ	Pwa	퐈					
ㅎ+ㅘ	Hwa	화					

05 자음+겹모음(ㅙ)
[Consoană + vocală dublă (ㅙ)]

자음+겹모음(ㅙ) [Consoană + vocală dublă (ㅙ)]

다음 자음+겹모음(ㅙ)을 쓰는 순서에 맞게 따라 쓰세요.

(Urmați ordinea scrierii de mai jos și copiați-o fiecare combinație de consoană + vocală dublă (ㅙ))

자음+겹모음(ㅙ) Consoană + vocală dublă (ㅙ)	영어 표기 Notație engleză	쓰기 Scriere			
ㄱ+ㅙ	Gwae	괘			
ㄴ+ㅙ	Nwae	놰			
ㄷ+ㅙ	Dwae	돼			
ㄹ+ㅙ	Rwae	뢔			
ㅁ+ㅙ	Mwae	뫠			
ㅂ+ㅙ	Bwae	봬			
ㅅ+ㅙ	Swae	쇄			
ㅇ+ㅙ	Wae	왜			
ㅈ+ㅙ	Jwae	좨			
ㅊ+ㅙ	Chwae	쵀			
ㅋ+ㅙ	Kwae	쾌			
ㅌ+ㅙ	Twae	퇘			
ㅍ+ㅙ	Pwae	퐤			
ㅎ+ㅙ	Hwae	홰			

06 자음+겹모음(ㅚ)
[Consoană + vocală dublă (ㅚ)]

자음+겹모음(ㅚ) [Consoană + vocală dublă (ㅚ)]

다음 자음+겹모음(ㅚ)을 쓰는 순서에 맞게 따라 쓰세요.

(Urmați ordinea scrierii de mai jos și copiați-o fiecare combinație de consoană + vocală dublă (ㅚ))

자음+겹모음(ㅚ) Consoană + vocală dublă (ㅚ)	영어 표기 Notație engleză	쓰기 Scriere					
ㄱ+ㅚ	Goe	괴					
ㄴ+ㅚ	Noe	뇌					
ㄷ+ㅚ	Doe	되					
ㄹ+ㅚ	Roe	뢰					
ㅁ+ㅚ	Moe	뫼					
ㅂ+ㅚ	Boe	뵈					
ㅅ+ㅚ	Soe	쇠					
ㅇ+ㅚ	Oe	외					
ㅈ+ㅚ	Joe	죄					
ㅊ+ㅚ	Choe	최					
ㅋ+ㅚ	Koe	쾨					
ㅌ+ㅚ	Toe	퇴					
ㅍ+ㅚ	Poe	푀					
ㅎ+ㅚ	Hoe	회					

자음+겹모음(ㅝ)

[Consoană + vocală dublă (ㅝ)]

월   일

자음+겹모음(ㅝ) [Consoană + vocală dublă (ㅝ)]

다음 자음+겹모음(ㅝ)을 쓰는 순서에 맞게 따라 쓰세요.

(Urmați ordinea scrierii de mai jos și copiați-o fiecare combinație de consoană + vocală dublă (ㅝ))

자음+겹모음(ㅝ) Consoană + vocală dublă (ㅝ)	영어 표기 Notație engleză	쓰기 Scriere						
ㄱ+ㅝ	Gwo	궈						
ㄴ+ㅝ	Nwo	눠						
ㄷ+ㅝ	Dwo	둬						
ㄹ+ㅝ	Rwo	뤄						
ㅁ+ㅝ	Mwo	뭐						
ㅂ+ㅝ	Bwo	붜						
ㅅ+ㅝ	Swo	쉬						
ㅇ+ㅝ	Wo	워						
ㅈ+ㅝ	Jwo	줘						
ㅊ+ㅝ	Chwo	춰						
ㅋ+ㅝ	Kwo	쿼						
ㅌ+ㅝ	Two	퉈						
ㅍ+ㅝ	Pwo	풔						
ㅎ+ㅝ	Hwo	훠						

[Consoană + vocală dublă (ㅟ)]

월   일

자음+겹모음(ㅟ) [Consoană + vocală dublă (ㅟ)]

다음 자음+겹모음(ㅟ)을 쓰는 순서에 맞게 따라 쓰세요.

(Urmați ordinea scrierii de mai jos și copiați-o fiecare combinație de consoană + vocală dublă (ㅟ))

자음+겹모음(ㅟ) Consoană + vocală dublă (ㅟ)	영어 표기 Notație engleză	쓰기 Scriere					
ㄱ+ㅟ	Gwi	귀					
ㄴ+ㅟ	Nwi	뉘					
ㄷ+ㅟ	Dwi	뒤					
ㄹ+ㅟ	Rwi	뤼					
ㅁ+ㅟ	Mwi	뮈					
ㅂ+ㅟ	Bwi	뷔					
ㅅ+ㅟ	Swi	쉬					
ㅇ+ㅟ	Wi	위					
ㅈ+ㅟ	Jwi	쥐					
ㅊ+ㅟ	Chwi	취					
ㅋ+ㅟ	Kwi	퀴					
ㅌ+ㅟ	Twi	튀					
ㅍ+ㅟ	Pwi	퓌					
ㅎ+ㅟ	Hwi	휘					

자음+겹모음(ㅟ)
[Consoană + vocală dublă (ㅟ)]

월   일

자음+겹모음(ㅟ) [Consoană + vocală dublă (ㅟ)]

다음 자음+겹모음(ㅟ)을 쓰는 순서에 맞게 따라 쓰세요.

(Urmați ordinea scrierii de mai jos și copiați-o fiecare combinație de consoană + vocală dublă (ㅟ))

자음+겹모음(ㅟ) Consoană + vocală dublă (ㅟ)	영어 표기 Notație engleză	쓰기 Scriere						
ㄱ+ㅟ	Gwi	귀						
ㄴ+ㅟ	Nwi	뉘						
ㄷ+ㅟ	Dwi	뒤						
ㄹ+ㅟ	Rwi	뤼						
ㅁ+ㅟ	Mwi	뮈						
ㅂ+ㅟ	Bwi	뷔						
ㅅ+ㅟ	Swi	쉬						
ㅇ+ㅟ	Wi	위						
ㅈ+ㅟ	Jwi	쥐						
ㅊ+ㅟ	Chwi	취						
ㅋ+ㅟ	Kwi	퀴						
ㅌ+ㅟ	Twi	튀						
ㅍ+ㅟ	Pwi	퓌						
ㅎ+ㅟ	Hwi	휘						

10 받침 ㄱ(기역)이 있는 글자

[Silabe cu consoană finală ㄱ(giyeok)]

받침 ㄱ(기역) [Consoană finală ㄱ(giyeok)]

다음 받침 ㄱ(기역)이 들어간 글자를 쓰는 순서에 맞게 따라 쓰세요.

(Urmați ordinea de scriere de mai jos și copiați-o fiecare silabă care conține
  consoana finală ㄱ(giyeok))

받침 ㄱ(기역) Consoană finală ㄱ (giyeok)	영어 표기 Notație engleză	쓰기 Scriere					
가+ㄱ	Gak	각					
나+ㄱ	Nak	낙					
다+ㄱ	Dak	닥					
라+ㄱ	Rak	락					
마+ㄱ	Mak	막					
바+ㄱ	Bak	박					
사+ㄱ	Sak	삭					
아+ㄱ	Ak	악					
자+ㄱ	Jak	작					
차+ㄱ	Chak	착					
카+ㄱ	Kak	칵					
타+ㄱ	Tak	탁					
파+ㄱ	Pak	팍					
하+ㄱ	Hak	학					

11 받침 ㄴ(니은)이 있는 글자
[Silabe cu consoană finală ㄴ(nieun)]

월   일

받침 ㄴ(니은) [Consoană finală ㄴ(nieun)]

다음 받침 ㄴ(니은)이 들어간 글자를 쓰는 순서에 맞게 따라 쓰세요.

(Urmați ordinea de scriere de mai jos și copiați-o fiecare silabă care conține consoana finală ㄴ(nieun))

받침 ㄴ(니은) Consoană finală ㄴ (nieun)	영어 표기 Notație engleză	쓰기 Scriere					
가+ㄴ	Gan	간					
나+ㄴ	Nan	난					
다+ㄴ	Dan	단					
라+ㄴ	Ran	란					
마+ㄴ	Man	만					
바+ㄴ	Ban	반					
사+ㄴ	San	산					
아+ㄴ	An	안					
자+ㄴ	Jan	잔					
차+ㄴ	Chan	찬					
카+ㄴ	Kan	칸					
타+ㄴ	Tan	탄					
파+ㄴ	Pan	판					
하+ㄴ	Han	한					

12 받침 ㄷ(디귿)이 있는 글자
[Silabe cu consoană finală ㄷ(digeut)]

월   일

ㄷ 받침 ㄷ(디귿) [Consoană finală ㄷ(digeut)]

다음 받침 ㄷ(디귿)이 들어간 글자를 쓰는 순서에 맞게 따라 쓰세요.

(Urmați ordinea de scriere de mai jos și copiați-o fiecare silabă care conține consoana finală ㄷ(digeut))

받침 ㄷ(디귿) Consoană finală ㄷ (digeut)	영어 표기 Notație engleză	쓰기 Scriere					
가+ㄷ	Gat	갇					
나+ㄷ	Nat	낟					
다+ㄷ	Dat	닫					
라+ㄷ	Rat	랃					
마+ㄷ	Mat	맏					
바+ㄷ	Bat	받					
사+ㄷ	Sat	삳					
아+ㄷ	At	앋					
자+ㄷ	Jat	잗					
차+ㄷ	Chat	찯					
카+ㄷ	Kat	칻					
타+ㄷ	Tat	탇					
파+ㄷ	Pat	팓					
하+ㄷ	Hat	핟					

13 받침 ㄹ(리을)이 있는 글자
[Silabe cu consoană finală ㄹ(rieul)]

월   일

받침 ㄹ(리을) [Consoană finală ㄹ(rieul)]

다음 받침 ㄹ(리을)이 들어간 글자를 쓰는 순서에 맞게 따라 쓰세요.

(Urmați ordinea de scriere de mai jos și copiați-o fiecare silabă care conține
consoana finală ㄹ(rieul))

받침 ㄹ(리을) Consoană finală ㄹ (rieul)	영어 표기 Notație engleză	쓰기 Scriere			
가+ㄹ	Gal	갈			
나+ㄹ	Nal	날			
다+ㄹ	Dal	달			
라+ㄹ	Ral	랄			
마+ㄹ	Mal	말			
바+ㄹ	Bal	발			
사+ㄹ	Sal	살			
아+ㄹ	Al	알			
자+ㄹ	Jal	잘			
차+ㄹ	Chal	찰			
카+ㄹ	Kal	칼			
타+ㄹ	Tal	탈			
파+ㄹ	Pal	팔			
하+ㄹ	Hal	할			

14 받침 ㅁ(미음)이 있는 글자

[Silabe cu consoană finală ㅁ(mieum)]

월   일

받침 ㅁ(미음) [Consoană finală ㅁ(mieum)]

다음 받침 ㅁ(미음)이 들어간 글자를 쓰는 순서에 맞게 따라 쓰세요.

(Urmați ordinea de scriere de mai jos și copiați-o fiecare silabă care conține
consoana finală ㅁ(mieum))

받침 ㅁ(미음) Consoană finală ㅁ (mieum)	영어 표기 Notație engleză	쓰기 Scriere					
가+ㅁ	Gam	감					
나+ㅁ	Nam	남					
다+ㅁ	Dam	담					
라+ㅁ	Ram	람					
마+ㅁ	Mam	맘					
바+ㅁ	Bam	밤					
사+ㅁ	Sam	삼					
아+ㅁ	Am	암					
자+ㅁ	Jam	잠					
차+ㅁ	Cham	참					
카+ㅁ	Kam	캄					
타+ㅁ	Tam	탐					
파+ㅁ	Pam	팜					
하+ㅁ	Ham	함					

받침 ㅂ(비읍)이 있는 글자
[Silabe cu consoană finală ㅂ(bieup)]

받침 ㅂ(비읍) [Consoană finală ㅂ(bieup)]

다음 받침 ㅂ(비읍)이 들어간 글자를 쓰는 순서에 맞게 따라 쓰세요.

(Urmați ordinea de scriere de mai jos și copiați-o fiecare silabă care conține consoana finală ㅂ(bieup))

받침 ㅂ(비읍) Consoană finală ㅂ (bieup)	영어 표기 Notație engleză	쓰기 Scriere			
가+ㅂ	Gap	갑			
나+ㅂ	Nap	납			
다+ㅂ	Dap	답			
라+ㅂ	Rap	랍			
마+ㅂ	Map	맙			
바+ㅂ	Bap	밥			
사+ㅂ	Sap	삽			
아+ㅂ	Ap	압			
자+ㅂ	Jap	잡			
차+ㅂ	Chap	찹			
카+ㅂ	Kap	캅			
타+ㅂ	Tap	탑			
파+ㅂ	Pap	팝			
하+ㅂ	Hap	합			

16 받침 ㅅ(시옷)이 있는 글자

[Silabe cu consoană finală ㅅ(siot)]

월   일

받침 ㅅ(시옷) [Consoană finală ㅅ(siot)]

다음 받침 ㅅ(시옷)이 들어간 글자를 쓰는 순서에 맞게 따라 쓰세요.

(Urmați ordinea de scriere de mai jos și copiați-o fiecare silabă care conține
consoana finală ㅅ(siot))

받침 ㅅ(시옷) Consoană finală ㅅ (siot)	영어 표기 Notație engleză	쓰기 Scriere				
가+ㅅ	Gat	갓				
나+ㅅ	Nat	낫				
다+ㅅ	Dat	닷				
라+ㅅ	Rat	랏				
마+ㅅ	Mat	맛				
바+ㅅ	Bat	밧				
사+ㅅ	Sat	삿				
아+ㅅ	At	앗				
자+ㅅ	Jat	잣				
차+ㅅ	Chat	찻				
카+ㅅ	Kat	캇				
타+ㅅ	Tat	탓				
파+ㅅ	Pat	팟				
하+ㅅ	Hat	핫				

월   일

받침 ㅇ(이응) [Consoană finală ㅇ(ieung)]

다음 받침 ㅇ(이응)이 들어간 글자를 쓰는 순서에 맞게 따라 쓰세요.

(Urmați ordinea de scriere de mai jos și copiați-o fiecare silabă care conține
  consoana finală ㅇ(ieung))

받침 ㅇ(이응) Consoană finală ㅇ(ieung)	영어 표기 Notație engleză	쓰기 Scriere				
가+ㅇ	Gang	강				
나+ㅇ	Nang	낭				
다+ㅇ	Dang	당				
라+ㅇ	Rang	랑				
마+ㅇ	Mang	망				
바+ㅇ	Bang	방				
사+ㅇ	Sang	상				
아+ㅇ	Ang	앙				
자+ㅇ	Jang	장				
차+ㅇ	Chang	창				
카+ㅇ	Kang	캉				
타+ㅇ	Tang	탕				
파+ㅇ	Pang	팡				
하+ㅇ	Hang	항				

18 받침 ㅈ(지읒)이 있는 글자
[Silabe cu consoană finală ㅈ(jieut)]

월 　 일

받침 ㅈ(지읒) [Consoană finală ㅈ(jieut)]

다음 받침 ㅈ(지읒)이 들어간 글자를 쓰는 순서에 맞게 따라 쓰세요.

(Urmați ordinea de scriere de mai jos și copiați-o fiecare silabă care conține
consoana finală ㅈ(jieut))

받침 ㅈ(지읒) Consoană finală ㅈ (jieut)	영어 표기 Notație engleză	쓰기 Scriere					
가+ㅈ	Gat	갖					
나+ㅈ	Nat	낮					
다+ㅈ	Dat	닺					
라+ㅈ	Rat	랒					
마+ㅈ	Mat	맞					
바+ㅈ	Bat	밪					
사+ㅈ	Sat	샂					
아+ㅈ	At	앚					
자+ㅈ	Jat	잦					
차+ㅈ	Chat	찾					
카+ㅈ	Kat	캊					
타+ㅈ	Tat	탗					
파+ㅈ	Pat	팢					
하+ㅈ	Hat	핫					

월   일

받침 ㅊ(치읓) [Consoană finală ㅊ(chieut)]

다음 받침 ㅊ(치읓)이 들어간 글자를 쓰는 순서에 맞게 따라 쓰세요.

(Urmați ordinea de scriere de mai jos și copiați-o fiecare silabă care conține
  consoana finală ㅊ(chieut))

받침 ㅊ(치읓) Consoană finală ㅊ (chieut)	영어 표기 Notație engleză	쓰기 Scriere					
가+ㅊ	Gat	갖					
나+ㅊ	Nat	낯					
다+ㅊ	Dat	닻					
라+ㅊ	Rat	랓					
마+ㅊ	Mat	맞					
바+ㅊ	Bat	밫					
사+ㅊ	Sat	샃					
아+ㅊ	At	앛					
자+ㅊ	Jat	잧					
차+ㅊ	Chat	찿					
카+ㅊ	Kat	캋					
타+ㅊ	Tat	탗					
파+ㅊ	Pat	팣					
하+ㅊ	Hat	핯					

20 받침 ㅋ(키읔)이 있는 글자

[Silabe cu consoană finală ㅋ(kieuk)]

월   일

받침 ㅋ(키읔) [Consoană finală ㅋ(kieuk)]

다음 받침 ㅋ(키읔)이 들어간 글자를 쓰는 순서에 맞게 따라 쓰세요.

(Urmați ordinea de scriere de mai jos și copiați-o fiecare silabă care conține consoana finală ㅋ(kieuk))

받침 ㅋ(키읔) Consoană finală ㅋ (kieuk)	영어 표기 Notație engleză	쓰기 Scriere					
가+ㅋ	Gak	각					
나+ㅋ	Nak	낙					
다+ㅋ	Dak	닥					
라+ㅋ	Rak	락					
마+ㅋ	Mak	막					
바+ㅋ	Bak	박					
사+ㅋ	Sak	삭					
아+ㅋ	Ak	악					
자+ㅋ	Jak	작					
차+ㅋ	Chak	착					
카+ㅋ	Kak	칵					
타+ㅋ	Tak	탁					
파+ㅋ	Pak	팍					
하+ㅋ	Hak	학					

받침 ㅌ(티읕) [Consoană finală ㅌ(tieut)]

다음 받침 ㅌ(티읕)이 들어간 글자를 쓰는 순서에 맞게 따라 쓰세요.

(Urmați ordinea de scriere de mai jos și copiați-o fiecare silabă care conține consoana finală ㅌ(tieut))

받침 ㅌ(티읕) Consoană finală ㅌ (tieut)	영어 표기 Notație engleză	쓰기 Scriere					
가+ㅌ	Gat	같					
나+ㅌ	Nat	낱					
다+ㅌ	Dat	닽					
라+ㅌ	Rat	랕					
마+ㅌ	Mat	맡					
바+ㅌ	Bat	밭					
사+ㅌ	Sat	샅					
아+ㅌ	At	앝					
자+ㅌ	Jat	잩					
차+ㅌ	Chat	챁					
카+ㅌ	Kat	캍					
타+ㅌ	Tat	탙					
파+ㅌ	Pat	팥					
하+ㅌ	Hat	핱					

22 받침 ㅍ(피읖)이 있는 글자
[Silabe cu consoană finală ㅍ(pieup)]

월   일

받침 ㅍ(피읖) [Consoană finală ㅍ(pieup)]

다음 받침 ㅍ(피읖)이 들어간 글자를 쓰는 순서에 맞게 따라 쓰세요.

(Urmați ordinea de scriere de mai jos și copiați-o fiecare silabă care conține consoana finală ㅍ(pieup))

받침 ㅍ(피읖) Consoană finală ㅍ (pieup)	영어 표기 Notație engleză	쓰기 Scriere					
가+ㅍ	Gap	갚					
나+ㅍ	Nap	낲					
다+ㅍ	Dap	닾					
라+ㅍ	Rap	랖					
마+ㅍ	Map	맢					
바+ㅍ	Bap	밮					
사+ㅍ	Sap	샆					
아+ㅍ	Ap	앞					
자+ㅍ	Jap	잪					
차+ㅍ	Chap	챂					
카+ㅍ	Kap	캎					
타+ㅍ	Tap	탚					
파+ㅍ	Pap	팦					
하+ㅍ	Hap	핲					

23 받침 ㅎ(히읗)이 있는 글자

[Silabe cu consoană finală ㅎ(hieut)]

월   일

받침 ㅎ(히읗) [Consoană finală ㅎ(hieut)]

다음 받침 ㅎ(히읗)이 들어간 글자를 쓰는 순서에 맞게 따라 쓰세요.

(Urmați ordinea de scriere de mai jos și copiați-o fiecare silabă care conține consoana finală ㅎ(hieut))

받침 ㅎ(히읗) Consoană finală ㅎ (hieut)	영어 표기 Notație engleză	쓰기 Scriere				
가+ㅎ	Gat	갛				
나+ㅎ	Nat	낳				
다+ㅎ	Dat	닿				
라+ㅎ	Rat	랗				
마+ㅎ	Mat	맣				
바+ㅎ	Bat	밯				
사+ㅎ	Sat	삻				
아+ㅎ	At	앟				
자+ㅎ	Jat	잫				
차+ㅎ	Chat	찷				
카+ㅎ	Kat	캏				
타+ㅎ	Tat	탛				
파+ㅎ	Pat	팧				
하+ㅎ	Hat	핳				

주제별 낱말

Capitolul 6
Cuvinte pe teme

01 과일 [Fruct]

■ 다음을 쓰는 순서에 맞게 따라 쓰세요.
  (Urmați ordinea scrierii de mai jos și copiați.)

사	과						
배							
바	나	나					
딸	기						
토	마	토					

사과 măr

배 pară

바나나 banană

딸기 căpșună

토마토 roșie

01 과일 [Fruct]

■ 다음을 쓰는 순서에 맞게 따라 쓰세요.
(Urmați ordinea scrierii de mai jos și copiați.)

수	박				
복	숭	아			
오	렌	지			
귤					
키	위				

수박 pepene

복숭아 piersică

오렌지 portocală

귤 mandarină

키위 kiwi

과일 [Fruct]

■ 다음을 쓰는 순서에 맞게 따라 쓰세요.
(Urmați ordinea scrierii de mai jos și copiați.)

참외 **pepene galben coreean**

참 외

파인애플 ananas

파 인 애 플

레몬 **lămâie**

레 몬

감 **kaki**

감

포도 **strugure**

포 도

O2

동물 [Animal]

■ 다음을 쓰는 순서에 맞게 따라 쓰세요.
(Urmați ordinea scrierii de mai jos și copiați.)

타	조					

타조 struț

호	랑	이				

호랑이 tigru

사	슴					

사슴 căprioară

고	양	이				

고양이 pisică

여	우					

여우 vulpe

 **O2** 동물 [Animal]

월 일

■ 다음을 쓰는 순서에 맞게 따라 쓰세요.
(Urmați ordinea scrierii de mai jos și copiați.)

사자 leu

사	자				

코끼리 elefant

코	끼	리			

돼지 porc

돼	지				

강아지 cățel

강	아	지			

토끼 iepure

토	끼				

O2

동물 [Animal]

월   일

■ 다음을 쓰는 순서에 맞게 따라 쓰세요.
(Urmați ordinea scrierii de mai jos și copiați.)

기 린

기린 *girafă*

곰

곰 *urs*

원 숭 이

원숭이 *maimuță*

너 구 리

너구리 *raton*

거 북 이

거북이 *ţestoasă*

채소 [Legumă]

월   일

■ 다음을 쓰는 순서에 맞게 따라 쓰세요.
(Urmați ordinea scrierii de mai jos și copiați.)

배추 varză chinezească	배	추					
당근 morcov	당	근					
마늘 usturoi	마	늘					
시금치 spanac	시	금	치				
미나리 țelină japoneză	미	나	리				

O3 채소 [Legumă]

월   일

■ 다음을 쓰는 순서에 맞게 따라 쓰세요.
(Urmați ordinea scrierii de mai jos și copiați.)

무 ridiche

무					

상추 salată verde

상	추				

양파 ceapă

양	파				

부추 leurdă

부	추				

감자 cartof

감	자				

채소 [Legumă]

■ 다음을 쓰는 순서에 맞게 따라 쓰세요.
(Urmați ordinea scrierii de mai jos și copiați.)

오	이				

오이 castravete

파					

파 ceapă verde

가	지				

가지 vânătă

고	추				

고추 ardei iute

양	배	추			

양배추 varză

04 직업 [Ocupație]

■ 다음을 쓰는 순서에 맞게 따라 쓰세요.
(Urmați ordinea scrierii de mai jos și copiați.)

경	찰	관			
소	방	관			
요	리	사			
환	경	미	화	원	
화	가				

경찰관 polițist

소방관 pompier

요리사 bucătar

환경미화원
lucrător în salubritate

화가 pictor

직업 [Ocupație]

월   일

■ 다음을 쓰는 순서에 맞게 따라 쓰세요.
(Urmați ordinea scrierii de mai jos și copiați.)

간호사 asistentă

간	호	사				

회사원
lucrător de birou

회	사	원				

미용사 coafor

미	용	사				

가수 cântăreț

가	수					

소설가 romancier

소	설	가				

O4 직업 [Ocupație]

월 일

■ 다음을 쓰는 순서에 맞게 따라 쓰세요.
(Urmați ordinea scrierii de mai jos și copiați.)

의사 doctor

의	사					

선생님 profesor

선	생	님				

주부 casnică

주	부					

운동선수 atlet

운	동	선	수			

우편집배원 poștaș

우	편	집	배	원		

■ 다음을 쓰는 순서에 맞게 따라 쓰세요.
(Urmați ordinea scrierii de mai jos și copiați.)

김	치	찌	개			
미	역	국				
김	치	볶	음	밥		
돈	가	스				
국	수					

김치찌개
kimchi-jjigae

미역국 miyeok-guk

김치볶음밥 orez
prăjit cu kimchi

돈가스
cotlet de porc

국수 tăieței

월   일

다음을 쓰는 순서에 맞게 따라 쓰세요.
(Urmați ordinea scrierii de mai jos și copiați.)

앞 față

뒤 spate

위 deasupra

아래 dedesubt

오른쪽 dreapta

앞					
뒤					
위					
아 래					
오 른 쪽					

06 위치 [Direcţie]

월　　일

■ 다음을 쓰는 순서에 맞게 따라 쓰세요.
(Urmaţi ordinea scrierii de mai jos şi copiaţi.)

왼	쪽					
옆						
안						
밖						
밑						

왼쪽 stânga

옆 alături

안 înăuntru

밖 afară

밑 sub

위치 [Direcție]

월 일

■ 다음을 쓰는 순서에 맞게 따라 쓰세요.
(Urmați ordinea scrierii de mai jos și copiați.)

사 이					

사이 între

동 쪽					

동쪽 est

서 쪽					

서쪽 vest

남 쪽					

남쪽 sud

북 쪽					

북쪽 nord

07 **탈것** [Vehicule]

월 일

■ 다음을 쓰는 순서에 맞게 따라 쓰세요.
(Urmați ordinea scrierii de mai jos și copiați.)

버	스				
비	행	기			
배					
오	토	바	이		
소	방	차			

버스 autobuz

비행기 avion

배 vapor

오토바이
motocicletă

소방차
camion de pompieri

07 **탈것** [Vehicule]

월   일

■ 다음을 쓰는 순서에 맞게 따라 쓰세요.
(Urmați ordinea scrierii de mai jos și copiați.)

자	동	차			
지	하	철			
기	차				
헬	리	콥	터		
포	클	레	인		

자동차 *mașină*

지하철 *metrou*

기차 *tren*

헬리콥터 *elicopter*

포클레인 *excavator*

O7 탈것 [Vehicle]

월   일

■ 다음을 쓰는 순서에 맞게 따라 쓰세요.
(Urmați ordinea scrierii de mai jos și copiați.)

택시 taxi

택	시					

자전거 bicicletă

자	전	거				

트럭 camion

트	럭					

구급차 ambulanță

구	급	차				

기구 aerostat

기	구					

장소 [Loc]

월   일

■ 다음을 쓰는 순서에 맞게 따라 쓰세요.
(Urmați ordinea scrierii de mai jos și copiați.)

집					
학 교					
백 화 점					
우 체 국					
약 국					

집 casă

학교 școală

백화점
magazin universal

우체국 poștă

약국 farmacie

08 장소 [Loc]

월   일

■ 다음을 쓰는 순서에 맞게 따라 쓰세요.
(Urmați ordinea scrierii de mai jos și copiați.)

시장 *piață*

시	장				

식당 *restaurant*

식	당				

슈퍼마켓
supermarket

슈	퍼	마	켓		

서점 *librărie*

서	점				

공원 *parc*

공	원				

08 장소 [Loc]

■ 다음을 쓰는 순서에 맞게 따라 쓰세요.
  (Urmați ordinea scrierii de mai jos și copiați.)

은	행						

은행 bancă

병	원						

병원 spital

문	구	점					

문구점
magazin de papetărie

미	용	실					

미용실
salon de coafură

극	장						

극장 teatru

09

계절, 날씨 [Anotimp, Vreme]

월　　일

■ 다음을 쓰는 순서에 맞게 따라 쓰세요.
(Urmați ordinea scrierii de mai jos și copiați.)

봄						
여 름						
가 을						
겨 울						
맑 다						

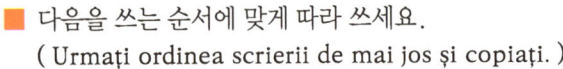

봄 primăvară

여름 vară

가을 toamnă

겨울 iarnă

맑다 senin

09 **계절, 날씨** [Anotimp, Vreme]

월   일

■ 다음을 쓰는 순서에 맞게 따라 쓰세요.
(Urmați ordinea scrierii de mai jos și copiați.)

흐리다 *înnorat*

흐리다

바람이 분다
Vântul bate

바람이   분다

비가 온다 Plouă

비가   온다

비가 그친다
Ploaia se oprește

비가   그친다

눈이 온다 Ninge

눈이   온다

09 계절, 날씨 [Anotimp, Vreme]

 월 일

■ 다음을 쓰는 순서에 맞게 따라 쓰세요.
(Urmați ordinea scrierii de mai jos și copiați.)

구	름	이		낀	다	
덥	다					
춥	다					
따	뜻	하	다			
시	원	하	다			

구름이 낀다
Se înnorează

덥다 cald

춥다 frig

따뜻하다 cald

시원하다 răcoros

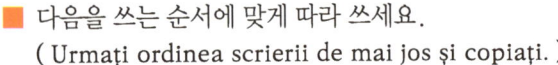

집 안의 사물 [Obiect din gospodărie]

■ 다음을 쓰는 순서에 맞게 따라 쓰세요.
(Urmați ordinea scrierii de mai jos și copiați.)

소파 canapea

| 소 | 파 | | | | | |

욕조 cadă de baie

| 욕 | 조 | | | | | |

거울 oglindă

| 거 | 울 | | | | | |

샤워기 cap de duș

| 샤 | 워 | 기 | | | | |

변기 vas de toaletă

| 변 | 기 | | | | | |

집 안의 사물 [Obiect din gospodărie]

■ 다음을 쓰는 순서에 맞게 따라 쓰세요.
(Urmați ordinea scrierii de mai jos și copiați.)

싱	크	대			
부	엌				
거	실				
안	방				
옷	장				

싱크대 chiuvetă

부엌 bucătărie

거실 sufragerie

안방 dormitor

옷장 dulap

집 안의 사물 [Obiect din gospodărie]

월   일

■ 다음을 쓰는 순서에 맞게 따라 쓰세요.
(Urmați ordinea scrierii de mai jos și copiați.)

화장대
masă de toaletă

화	장	대			

식탁 masă

식	탁				

책장 bibliotecă

책	장				

작은방
cameră mică

작	은	방			

침대 pat

침	대				

■ 다음을 쓰는 순서에 맞게 따라 쓰세요.
(Urmați ordinea scrierii de mai jos și copiați.)

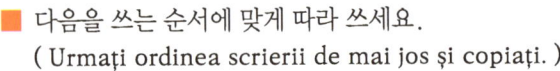

할머니 bunică

할아버지 bunic

아버지 tată

어머니 mamă

오빠 frate mai mare
(pentru o femeie)

할	머	니				
할	아	버	지			
아	버	지				
어	머	니				
오	빠					

11

가족 명칭 [Membru al familiei]

월 일

■ 다음을 쓰는 순서에 맞게 따라 쓰세요.
(Urmați ordinea scrierii de mai jos și copiați.)

형 frate mai mare
(pentru un bărbat)

형

나 eu

나

남동생 frate mai mic
(pentru o femeie)

남 동 생

여동생 soră mai mică
(pentru o femeie)

여 동 생

언니 soră mai mare
(pentru o femeie)

언 니

11 가족 명칭 [Membru al familiei]

월   일

■ 다음을 쓰는 순서에 맞게 따라 쓰세요.
(Urmați ordinea scrierii de mai jos și copiați.)

누	나				
삼	촌				
고	모				
이	모				
이	모	부			

누나 soră mai mare
(pentru un bărbat)

삼촌 unchi
(fratele tatălui)

고모 mătușă
(sora tatălui)

이모 mătușă
(sora mamei)

이모부 unchi
(soțul sorei mamei)

학용품 [Papetărie]

월 일

■ 다음을 쓰는 순서에 맞게 따라 쓰세요.
(Urmați ordinea scrierii de mai jos și copiați.)

공책 caiet

스케치북
caiet de schițe

색연필
creioane colorate

가위 foarfecă

풀 lipici

공	책				
스	케	치	북		
색	연	필			
가	위				
풀					

■ 다음을 쓰는 순서에 맞게 따라 쓰세요.
(Urmați ordinea scrierii de mai jos și copiați.)

일기장 jurnal

일	기	장					

연필 creion

연	필						

칼 cuțit de birou

칼							

물감 vopsele

물	감						

자 riglă

자							

12 학용품 [Papetărie]

월 일

■ 다음을 쓰는 순서에 맞게 따라 쓰세요.
(Urmați ordinea scrierii de mai jos și copiați.)

색종이 **hârtie colorată**

색종이

사인펜 **carioca**

사인펜

크레파스 **creioane colorate de ceară**

크레파스

붓 **pensulă**

붓

지우개 **radieră**

지우개

13

꽃 [Floare]

■ 다음을 쓰는 순서에 맞게 따라 쓰세요.
(Urmați ordinea scrierii de mai jos și copiați.)

장	미				
진	달	래			
민	들	레			
나	팔	꽃			
맨	드	라	미		

장미 trandafir

진달래 azalee

민들레 păpădie

나팔꽃 zorele

맨드라미
creastă de cocoș

13

꽃 [Floare]

■ 다음을 쓰는 순서에 맞게 따라 쓰세요.
(Urmați ordinea scrierii de mai jos și copiați.)

개	나	리				
벚	꽃					
채	송	화				
국	화					
무	궁	화				

개나리 forsythia

벚꽃 floare de cireș

채송화 portulaca grandiflora

국화 crizantemă

무궁화 Hibiscus syriacus

13 꽃 [Floare]

■ 다음을 쓰는 순서에 맞게 따라 쓰세요.
(Urmați ordinea scrierii de mai jos și copiați.)

튤립 lalea

봉숭아 balsam

해바라기 floarea-soarelui

카네이션 garoafă

코스모스 cosmos

튤	립					
봉	숭	아				
해	바	라	기			
카	네	이	션			
코	스	모	스			

14 나라 이름 [Ṭară]

월   일

■ 다음을 쓰는 순서에 맞게 따라 쓰세요.
(Urmați ordinea scrierii de mai jos și copiați.)

한국 Coreea	한 국					
필리핀 Filipine	필 리 핀					
일본 Japonia	일 본					
캄보디아 Cambodgia	캄 보 디 아					
아프가니스탄 Afganistan	아 프 가 니 스 탄					

한국
Coreea

필리핀
Filipine

일본
Japonia

캄보디아
Cambodgia

아프가니스탄
Afganistan

나라 이름 [Țară]

월   일

■ 다음을 쓰는 순서에 맞게 따라 쓰세요.
(Urmați ordinea scrierii de mai jos și copiați.)

중	국						

중국
China

태	국						

태국
Thailanda

베	트	남					

베트남
Vietnam

인	도						

인도
India

영	국						

영국
Regatul Unit

14 나라 이름 [Țară]

■ 다음을 쓰는 순서에 맞게 따라 쓰세요.
(Urmați ordinea scrierii de mai jos și copiați.)

미국 Statele Unite	미 국
몽골 Mongolia	몽 골
우즈베키스탄 Uzbekistan	우 즈 베 키 스 탄
러시아 Rusia	러 시 아
캐나다 Canada	캐 나 다

15 **악기** [Instrument muzical]

 월 일

■ 다음을 쓰는 순서에 맞게 따라 쓰세요.
(Urmați ordinea scrierii de mai jos și copiați.)

기 타						
북						
트 라 이 앵 글						
하 모 니 카						
징						

기타 chitară

북 tobă tradițională

트라이앵글 triunghi

하모니카 muzicuță

징 gong

15 **악기** [Instrument muzical]

월 일

■ 다음을 쓰는 순서에 맞게 따라 쓰세요.
(Urmați ordinea scrierii de mai jos și copiați.)

피	아	노				
탬	버	린				
나	팔					
장	구					
소	고					

피아노 pian

탬버린 tamburină

나팔 trompetă

장구 janggu
(tobă coreeană)

소고 sogo
(tobă de mână)

악기 [Instrument muzical]

월   일

■ 다음을 쓰는 순서에 맞게 따라 쓰세요.
(Urmați ordinea scrierii de mai jos și copiați.)

피	리				
실	로	폰			
바	이	올	린		
쨍	과	리			
가	야	금			

피리 fluier

실로폰 xilofon

바이올린 vioară

쨍과리 kkwaenggwari
(gong mic)

가야금 gayageum
(țiteră coreeană)

월 일

■ 다음을 쓰는 순서에 맞게 따라 쓰세요.
(Urmați ordinea scrierii de mai jos și copiați.)

티셔츠 tricou

바지 pantaloni

점퍼 jachetă

정장 ținută formală

와이셔츠
cămașă elegantă

티	셔	츠				
바	지					
점	퍼					
정	장					
와	이	셔	츠			

16 옷 [Haine]

■ 다음을 쓰는 순서에 맞게 따라 쓰세요.
(Urmați ordinea scrierii de mai jos și copiați.)

반	바	지				

반바지
pantaloni scurți

코	트					

코트 palton

교	복					

교복
uniformă școlară

블	라	우	스			

블라우스 bluză

청	바	지				

청바지 blugi

16 옷 [Haine]

월   일

■ 다음을 쓰는 순서에 맞게 따라 쓰세요.
(Urmați ordinea scrierii de mai jos și copiați.)

양	복				
작	업	복			
스	웨	터			
치	마				
한	복				

양복
costum bărbătesc

작업복
haine de lucru

스웨터 pulover

치마 fustă

한복 hanbok (haine
tradiționale coreene)

색깔 [Culoare]

월   일

■ 다음을 쓰는 순서에 맞게 따라 쓰세요.
(Urmați ordinea scrierii de mai jos și copiați.)

빨	간	색				
주	황	색				
초	록	색				
노	란	색				
파	란	색				

빨간색 roșu

주황색 portocaliu

초록색 verde

노란색 galben

파란색 albastru

색깔 [Culoare]

월 일

■ 다음을 쓰는 순서에 맞게 따라 쓰세요.
(Urmaţi ordinea scrierii de mai jos şi copiaţi.)

보라색 mov

보 라 색

분홍색 roz

분 홍 색

하늘색 albastru deschis

하 늘 색

갈색 maro

갈 색

검은색 negru

검 은 색

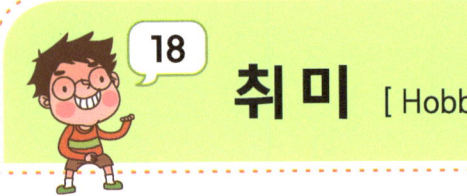

18 취미 [Hobby]

월 　 일

■ 다음을 쓰는 순서에 맞게 따라 쓰세요.
　(Urmați ordinea scrierii de mai jos și copiați.)

요리 *gătit*

요	리				

노래 *a cânta*

노	래				

등산 *drumeție*

등	산				

영화감상
vizionarea filmelor

영	화	감	상		

낚시 *pescuit*

낚	시				

18

취미 [Hobby]

월   일

■ 다음을 쓰는 순서에 맞게 따라 쓰세요.
(Urmați ordinea scrierii de mai jos și copiați.)

음악감상
ascultare muzică

음 악 감 상

게임 gaming

게 임

드라이브
plimbare cu mașina

드 라 이 브

여행 călătorind

여 행

독서 citind cărți

독 서

취미 [Hobby]

월 일

■ 다음을 쓰는 순서에 맞게 따라 쓰세요.
(Urmați ordinea scrierii de mai jos și copiați.)

쇼	핑				
운	동				
수	영				
사	진	촬	영		
악	기	연	주		

쇼핑 cumpărături

운동 exerciții

수영 înot

사진촬영
a face fotografii

악기연주 cântând la
instrumente muzicale

19 운동 [Sport]

월　일

■ 다음을 쓰는 순서에 맞게 따라 쓰세요.
(Urmați ordinea scrierii de mai jos și copiați.)

야구 baseball

야	구				

배구 volei

배	구				

축구 fotbal

축	구				

탁구 tenis de masă

탁	구				

농구 baschet

농	구				

운동 [Sport]

■ 다음을 쓰는 순서에 맞게 따라 쓰세요.
(Urmați ordinea scrierii de mai jos și copiați.)

골	프					
스	키					
수	영					
권	투					
씨	름					

골프 golf

스키 schi

수영 înot

권투 box

씨름 lupte coreene

운동 [Sport]

월 일

■ 다음을 쓰는 순서에 맞게 따라 쓰세요.
(Urmați ordinea scrierii de mai jos și copiați.)

테 니 스

테니스 tenis

레 슬 링

레슬링 lupte

태 권 도

태권도 taekwondo

배 드 민 턴

배드민턴 badminton

스 케 이 트

스케이트 patinaj

20 움직임 말 (1)

[Mișcare și comportament 1]

월   일

■ 다음을 쓰는 순서에 맞게 따라 쓰세요.
(Urmați ordinea scrierii de mai jos și copiați.)

가	다				

가다 a merge

오	다				

오다 a veni

먹	다				

먹다 a mânca

사	다				

사다 a cumpăra

읽	다				

읽다 a citi

20 움직임 말 (1)

[Mișcare și comportament 1]

월   일

■ 다음을 쓰는 순서에 맞게 따라 쓰세요.
(Urmați ordinea scrierii de mai jos și copiați.)

씻	다				
자	다				
보	다				
일	하	다			
만	나	다			

씻다 a spăla

자다 a dormi

보다 a vedea

일하다 a munci

만나다
a (se) întâlni

움직임 말 (1)

[Mișcare și comportament 1]

월　일

■ 다음을 쓰는 순서에 맞게 따라 쓰세요.
(Urmați ordinea scrierii de mai jos și copiați.)

마	시	다			
빨	래	하	다		
청	소	하	다		
요	리	하	다		
공	부	하	다		

마시다 a bea

빨래하다 a spăla rufe

청소하다 a curăța

요리하다 a găti

공부하다 a studia

21 **움직임 말 (2)**

[Mișcare și comportament 2]

월   일

■ 다음을 쓰는 순서에 맞게 따라 쓰세요.
(Urmați ordinea scrierii de mai jos și copiați.)

공	을	차	다

공을 차다
a șuta mingea

이	를	닦	다

이를 닦다
a se spăla pe dinți

목	욕	을	하 다

목욕을 하다
a face o baie

세	수	를	하 다

세수를 하다
a se spăla pe față

등	산	을	하 다

등산을 하다
a merge în drumeție

월   일

■ 다음을 쓰는 순서에 맞게 따라 쓰세요.
(Urmați ordinea scrierii de mai jos și copiați.)

머	리	를		감	다	
영	화	를		보	다	
공	원	에		가	다	
여	행	을		하	다	
산	책	을		하	다	

머리를 감다
a se spăla pe cap

영화를 보다
a se uita la film

공원에 가다
a merge în parc

여행을 하다
a călători

산책을 하다
a merge la plimbare

움직임 말 (2)
[Mișcare și comportament 2]

■ 다음을 쓰는 순서에 맞게 따라 쓰세요.
(Urmați ordinea scrierii de mai jos și copiați.)

수영을 하다
a înota

수영을 하다

쇼핑을 하다 a merge
la cumpărături

쇼핑을 하다

사진을 찍다
a face fotografii

사진을 찍다

샤워를 하다
a face un duș

샤워를 하다

이야기를 하다
a vorbi

이야기를 하다

월   일

■ 다음을 쓰는 순서에 맞게 따라 쓰세요.
(Urmați ordinea scrierii de mai jos și copiați.)

놀	다					

놀다 a (se) juca

자	다					

자다 a dormi

쉬	다					

쉬다 a se odihni

쓰	다					

쓰다 a scrie

듣	다					

듣다 a asculta

22 움직임 말 (3)

[Mișcare și comportament 3]

월 일

■ 다음을 쓰는 순서에 맞게 따라 쓰세요.
(Urmați ordinea scrierii de mai jos și copiați.)

닫다	다					

닫다 a închide

켜다	다					

켜다 a porni

서다	다					

서다 a sta în picioare

앉다	다					

앉다 a sta jos

끄다	다					

끄다 a opri

월 일

■ 다음을 쓰는 순서에 맞게 따라 쓰세요.
(Urmați ordinea scrierii de mai jos și copiați.)

열	다						

열다 a deschide

나	오	다					

나오다 a ieși

배	우	다					

배우다 a învăța

들	어	가	다				

들어가다 a intra

가	르	치	다				

가르치다 a preda

22 움직임 말 (3)
[Mișcare și comportament 3]

월   일

■ 다음을 쓰는 순서에 맞게 따라 쓰세요.
　(Urmați ordinea scrierii de mai jos și copiați.)

부르다
a apela / a chema

| 부 | 르 | 다 | | | | |

달리다 a fugi

| 달 | 리 | 다 | | | | |

기다 a se târâi

| 기 | 다 | | | | | |

날다 a zbura

| 날 | 다 | | | | | |

긁다 a zgâria

| 긁 | 다 | | | | | |

22 # 움직임 말 (3)
[Mișcare și comportament 3]

■ 다음을 쓰는 순서에 맞게 따라 쓰세요.
(Urmați ordinea scrierii de mai jos și copiați.)

찍다 a face o fotografie

| 찍 | 다 | | | | |

벌리다 a se întinde

| 벌 | 리 | 다 | | | |

키우다 a crește

| 키 | 우 | 다 | | | |

갈다 a înlocui

| 갈 | 다 | | | | |

닦다 a șterge

| 닦 | 다 | | | | |

23 세는 말 (단위)

[Cuvinte despre numărat (unitate)]

월   일

■ 다음을 쓰는 순서에 맞게 따라 쓰세요.
(Urmați ordinea scrierii de mai jos și copiați.)

개
(counter) bucată / articol

개						

대 (counter) vehicul

대						

척 (counter) navă

척						

송이 (counter) buchet / ciorchine

송이						

그루 (counter) copaci

그루						

23 **세는 말 (단위)**
[Cuvinte despre numărat (unitate)]

월   일

■ 다음을 쓰는 순서에 맞게 따라 쓰세요.
(Urmați ordinea scrierii de mai jos și copiați.)

상자 (counter) cutie

봉지 (counter) sac

장 (counter) foaie

병 (counter) sticlă

자루 (counter) creion

상	자						
봉	지						
장							
병							
자	루						

세는 말 (단위)

[Cuvinte despre numărat (unitate)]

월   일

■ 다음을 쓰는 순서에 맞게 따라 쓰세요.
(Urmați ordinea scrierii de mai jos și copiați.)

벌
(counter) set de haine

벌						

켤레 (counter)
pereche de pantofi

켤	레					

권 (counter) carte

권						

마리 (counter) animal

마	리					

잔 (counter) ceașcă,
pahar

잔						

■ 다음을 쓰는 순서에 맞게 따라 쓰세요.
(Urmați ordinea scrierii de mai jos și copiați.)

채					
명					
통					
가마					
첩					

채 (counter) clădire

명 (counter) persoană

통 (counter) container

가마
(counter) sac de orez

첩 (counter) pachet de medicamente

24 **꾸미는 말**(1)
[Descriere 1]

■ 다음을 쓰는 순서에 맞게 따라 쓰세요.
(Urmați ordinea scrierii de mai jos și copiați.)

많다 multi

많	다					

적다 puțini

적	다					

크다 mare

크	다					

작다 mic

작	다					

비싸다 scump

비	싸	다				

꾸미는 말 (1)
[Descriere 1]

월   일

■ 다음을 쓰는 순서에 맞게 따라 쓰세요.
  (Urmați ordinea scrierii de mai jos și copiați.)

싸	다				

싸다 ieftin

길	다				

길다 lung

짧	다				

짧다 scurt

빠	르	다			

빠르다 rapid

느	리	다			

느리다 lent

24 꾸미는 말 (1)
[Descriere 1]

월   일

■ 다음을 쓰는 순서에 맞게 따라 쓰세요.
(Urmați ordinea scrierii de mai jos și copiați.)

굵	다						

굵다 gros

가	늘	다					

가늘다 subțire

밝	다						

밝다 luminos

어	둡	다					

어둡다 întunecat

좋	다						

좋다 bun

꾸미는 말 (2)

[Descriere 2]

월   일

■ 다음을 쓰는 순서에 맞게 따라 쓰세요.
(Urmați ordinea scrierii de mai jos și copiați.)

맵	다						
시	다						
가	볍	다					
좁	다						
따	뜻	하	다				

맵다 picant

시다 acru

가볍다 uşor

좁다 îngust

따뜻하다 cald

25 꾸미는 말 (2)
[Descriere 2]

월   일

■ 다음을 쓰는 순서에 맞게 따라 쓰세요.
(Urmați ordinea scrierii de mai jos și copiați.)

짜다 sărat

짜 다

쓰다 amar

쓰 다

무겁다 greu

무 겹 다

깊다 adânc

깊 다

차갑다 rece

차 갑 다

25 **꾸미는 말 (2)**
[Descriere 2]

월　일

■ 다음을 쓰는 순서에 맞게 따라 쓰세요.
(Urmați ordinea scrierii de mai jos și copiați.)

달	다				
싱	겁	다			
넓	다				
얕	다				
귀	엽	다			

달다 dulce

싱겁다 fad

넓다 larg

얕다 puțin adânc

귀엽다 drăguț

140 • 루마니아어를 사용하는 국민을 위한 기초 한글배우기
Coreeană de bază pentru vorbitorii de română

26 기분을 나타내는 말
[Emoții]

월   일

■ 다음을 쓰는 순서에 맞게 따라 쓰세요.
(Urmați ordinea scrierii de mai jos și copiați.)

기쁘다 bucuros

슬프다 trist

화나다 furios

놀라다 surprins

곤란하다
în dificultate

기	쁘	다			
슬	프	다			
화	나	다			
놀	라	다			
곤	란	하	다		

■ 다음을 쓰는 순서에 맞게 따라 쓰세요.
(Urmați ordinea scrierii de mai jos și copiați.)

궁	금	하	다			
지	루	하	다			
부	끄	럽	다			
피	곤	하	다			
신	나	다				

궁금하다 curios

지루하다 plictisit

부끄럽다 jenat

피곤하다 obosit

신나다 entuziasmat

27 높임말
[Expresii politicoase]

월　일

■ 다음을 쓰는 순서에 맞게 따라 쓰세요.
（ Urmați ordinea scrierii de mai jos și copiați. ）

집 casă →
댁 (onorific) casă

밥 masă →
진지 (onorific) masă

병 boală →
병환 (onorific) boală

말 cuvinte →
말씀 (onorific) cuvinte

나이 vârstă →
연세 (onorific) vârstă

집							
댁							
밥							
진	지						
병							
병	환						
말							
말	씀						
나	이						
연	세						

제6장 주제별 낱말 • **143**

27 높임말

[Expresii politicoase]

■ 다음을 쓰는 순서에 맞게 따라 쓰세요.
(Urmați ordinea scrierii de mai jos și copiați.)

생	일						
생	신						
있	다						
계	시	다					
먹	다						
드	시	다					
자	다						
주	무	시	다				
주	다						
드	리	다					

생일 zi de naștere →
생신 (onorific) zi de naștere

있다 a fi →
계시다 (onorific) a fi

먹다 a mânca →
드시다 (onorific) a mânca

자다 a dormi →
주무시다 (onorific) a dormi

주다 a da →
드리다 (onorific) a da

소리가 같은 말 (1)
[Omonim 1]

■ 다음을 쓰는 순서에 맞게 따라 쓰세요.
(Urmați ordinea scrierii de mai jos și copiați.)

눈 ochi (단음)　　눈 zăpadă (장음)

발 picior (단음)　　발 rogojină (장음)

밤 noapte (단음)　　밤 castană (장음)

차 mașină (단음)　　차 ceai (단음)

비 ploaie (단음)　　비 mătură (단음)

눈					
발					
밤					
차					
비					

■ 다음을 쓰는 순서에 맞게 따라 쓰세요.
(Urmați ordinea scrierii de mai jos și copiați.)

말 cal (단음)   말 cuvânt (장음)

벌 pedeapsă (단음)   벌 albină (장음)

상 masă (단음)   상 premiu (단음)

굴 stridie (단음)   굴 peșteră (장음)

배 vapor (단음)   배 burtă (단음)

말					
벌					
상					
굴					
배					

소리가 같은 말 (1)

[Omonim 1]

월 일

■ 다음을 쓰는 순서에 맞게 따라 쓰세요.
(Urmați ordinea scrierii de mai jos și copiați.)

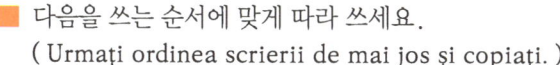

다리 pod (단음)　　다리 picior (단음)

다	리				

새끼 pui de animal (단음)　새끼 rope (단음)

새	끼				

돌 piatră (장음)　　돌 prima aniversare (단음)

돌					

병 boală (장음)　　병 sticlă (단음)

병					

바람 vânt (단음)　　바람 dorință (단음)

바	람				

■ 다음을 쓰는 순서에 맞게 따라 쓰세요.
(Urmați ordinea scrierii de mai jos și copiați.)

깨 다				

깨다 a (se) trezi (장음)　　깨다 a sparge (단음)

묻 다				

묻다 a îngropa (단음)　　묻다 a cere (장음)

싸 다				

싸다 a fi zgârcit (단음)　　싸다 a face pipi (단음)

세 다				

세다 a număra (장음)　　세다 a fi puternic (장음)

차 다				

차다 a fi frig (단음)　　차다 a fi sătul (단음)

29 소리가 같은 말 (2)

[Omonim 2]

월 일

■ 다음을 쓰는 순서에 맞게 따라 쓰세요.
(Urmați ordinea scrierii de mai jos și copiați.)

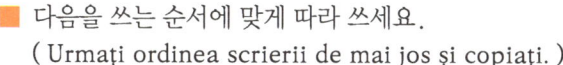

맞다 a fi corect (단음) 맞다 a fi lovit (단음)

맡다 a se ocupa de (단음) 맡다 a mirosi (단음)

쓰다 a scrie (단음) 쓰다 a fi trist (단음)

맞	다				
맡	다				
쓰	다				

30 소리를 흉내 내는 말

[Onomatopee]

월   일

■ 다음을 쓰는 순서에 맞게 따라 쓰세요.
(Urmați ordinea scrierii de mai jos și copiați.)

어	훙					

어훙 *răget*

꿀	꿀					

꿀꿀 *guiț guiț*

야	옹					

야옹 *miau*

꼬	꼬	댁				

꼬꼬댁 *cotcodac*

꽥	꽥					

꽥꽥 *mac mac*

30 소리를 흉내 내는 말
[Onomatopee]

■ 다음을 쓰는 순서에 맞게 따라 쓰세요.
(Urmați ordinea scrierii de mai jos și copiați.)

붕					
매 앰					
부 르 릉					
딩 동					
빠 빠					

봉 vrum

매앰 bzzz

부르릉 vrum vrum

딩동 ding-dong

빠빠 bip bip

■ 안녕하세요! K-한글(www.k-hangul.kr)입니다.

'**외국인을 위한 기초 한글 배우기**' 1호 기초 편에서 다루지 못한 내용을 부록 편에

다음과 같이 **40가지 주제별로** 수록하니, 많은 이용 바랍니다.

■ Bună ziua! Acesta este K-Hangul (www.k-hangul.kr).
Conținutul care nu a fost inclus în Volumul 1, "Hangul de bază pentru străini", a fost adăugat în anexă, care conține 40 de teme suplimentare, după cum urmează. Sperăm că vă va fi util.

번호	주제	번호	주제	번호	주제
1	숫자(50개) Number(s)	16	인칭 대명사(14개) Personal pronouns	31	물건 사기(30개) Buying Goods
2	연도(15개) Year(s)	17	지시 대명사(10개) Demonstrative pronouns	32	전화하기(21개) Making a phone call
3	월(12개) Month(s)	18	의문 대명사(10개) Interrogative pronouns	33	인터넷(20개) Words related to the Internet
4	일(31개) Day(s)	19	가족(24개) Words related to Family	34	건강(35개) Words related to health
5	요일(10개) Day of a week	20	국적(20개) Countries	35	학교(51개) Words related to school
6	년(20개) Year(s)	21	인사(5개) Phrases related to greetings	36	취미(28개) Words related to hobby
7	개월(12개) Month(s)	22	작별(5개) Phrases related to bidding farewell	37	여행(35개) Travel
8	일(간), 주일(간)(16개) Counting Days	23	감사(3개) Phrases related to expressing gratitude	38	날씨(27개) Weather
9	시(20개) Units of Time(hours)	24	사과(7개) Phrases related to making an apology	39	은행(25개) Words related to bank
10	분(16개) Units of Time(minutes)	25	요구, 부탁(5개) Phrases related to asking a favor	40	우체국(14개) Words related to post office
11	시간(10개) Hour(s)	26	명령, 지시(5개) Phrases related to giving instructions		
12	시간사(25개) Words related to Time	27	칭찬, 감탄(7개) Phrases related to compliment and admiration		
13	계절(4개) seasons	28	환영, 축하, 기원(10개) Phrases related to welcoming, congratulating and blessing		
14	방위사(14개) Words related to directions	29	식당(30개) Words related to Restaurant		
15	양사(25개) quantifier	30	교통(42개) Words related to transportation		

MP3	주제	단어
	1. 숫자	1, 2, 3, 4, 5, / 6, 7, 8, 9, 10, / 11, 12, 13, 14, 15, / 16, 17, 18, 19, 20, / 21, 22, 23, 24, 25, / 26, 27, 28, 29, 30, / 31, 40, 50, 60, 70, / 80, 90, 100, 101, 102, / 110, 120, 130, 150, 천, / 만, 십만, 백만, 천만, 억
	2. 연도	1999년, 2000년, 2005년, 2010년, 2015년, / 2020년, 2023년, 2024년, 2025년, 2026년, / 2030년, 2035년, 2040년, 2045년, 2050년
	3. 월	1월, 2월, 3월, 4월, 5월, / 6월, 7월, 8월, 9월, 10월, / 11월, 12월
	4. 일	1일, 2일, 3일, 4일, 5일, / 6일, 7일, 8일, 9일, 10일, / 11일, 12일, 13일, 14일, 15일, / 16일, 17일, 18일, 19일, 20일, / 21일, 22일, 23일, 24일, 25일, / 26일, 27일, 28일, 29일, 30일, / 31일
	5. 요일	월요일, 화요일, 수요일, 목요일, 금요일, / 토요일, 일요일, 공휴일, 식목일, 현충일
	6. 년	1년, 2년, 3년, 4년, 5년, / 6년, 7년, 8년, 9년, 10년, / 15년, 20년, 30년, 40년, 50년, / 100년, 200년, 500년, 1000년, 2000년
	7. 개월	1개월(한 달), 2개월(두 달), 3개월(석 달), 4개월(네 달), 5개월(다섯 달), / 6개월(여섯 달), 7개월(일곱 달), 8개월(여덟 달), 9개월(아홉 달), 10개월(열 달), / 11개월(열한 달), 12개월(열두 달)
	8. 일(간), 주일(간)	하루(1일), 이틀(2일), 사흘(3일), 나흘(4일), 닷새(5일), / 엿새(6일), 이레(7일), 여드레(8일), 아흐레(9일), 열흘(10일), / 10일(간), 20일(간), 30일(간), 100일(간), 일주일(간), / 이 주일(간)
	9. 시	1시, 2시, 3시, 4시, 5시, / 6시, 7시, 8시, 9시, 10시, / 11시, 12시, 13시(오후 1시), 14시(오후 2시), 15시(오후 3시), / 18시(오후 6시), 20시(오후 8시), 22시(오후 10시), 24시(오후 12시)
	10. 분	1분, 2분, 3분, 4분, 5분, / 10분, 15분, 20분, 25분, 30분(반 시간), / 35분, 40분, 45분, 50분, 55분, / 60분(1시간)

MP3	주제	단어
	11. 시간	반 시간(30분), 1시간, 1시간 반(1시간 30분), 2시간, 3시간, / 4시간, 5시간, 10시간, 12시간, 24시간
	12.시간사	오전, 정오, 오후, 아침, 점심, / 저녁, 지난주, 이번 주, 다음 주, 지난달, / 이번 달, 다음날, 재작년, 작년, 올해, / 내년, 내후년, 그저께(이틀 전날), 엊그제(바로 며칠 전), 어제(오늘의 하루 전날), / 오늘, 내일(1일 후), 모레(2일 후), 글피(3일 후), 그글피(4일 후)
	13. 계절	봄(春), 여름(夏), 가을(秋), 겨울(冬)
	14.방위사	동쪽, 서쪽, 남쪽, 북쪽, 앞쪽, / 뒤쪽, 위쪽, 아래쪽, 안쪽, 바깥쪽, / 오른쪽, 왼쪽, 옆, 중간
	15. 양사	개(사용 범위가 가장 넓은 개체 양사), 장(평면이 있는 사물), 척(배를 세는 단위), 마리(날짐승이나 길짐승), 자루, / 다발(손에 쥘 수 있는 물건), 권(서적 류), 개(물건을 세는 단위), 갈래, 줄기(가늘고 긴 모양의 사물이나 굽은 사물), / 건(사건), 벌(의복), 쌍, 짝, 켤레, / 병, 조각(덩어리, 모양의 물건), 원(화폐), 대(각종 차량), 대(기계, 설비 등), 근(무게의 단위), 킬로그램(힘의 크기, 무게를 나타내는 단위), 번(일의 차례나 일의 횟수를 세는 단위), 차례(단순히 반복적으로 발생하는 동작), 식사(끼)
	16. 인칭 대명사	※ 인칭 대명사 : 사람의 이름을 대신하여 나타내는 대명사. 나, 너, 저, 당신, 우리, / 저희, 여러분, 너희, 그, 그이, / 저분, 이분, 그녀, 그들
	17. 지시 대명사	※ 지시 대명사 : 사물이나 장소의 이름을 대신하여 나타내는 대명사. 이것, 이곳, 저것, 저곳, 저기, / 그것(사물이나 대상을 가리킴), 여기, 무엇(사물의 이름), 거기(가까운 곳, 이미 이야기한 곳), 어디(장소의 이름)
	18. 의문 대명사	※ 의문 대명사 : 물음의 대상을 나타내는 대명사. 누구(사람의 정체), 몇(수효), 어느(둘 이상의 것 가운데 대상이 되는 것), 어디(처소나 방향), 무엇(사물의 정체), / 언제, 얼마, 어떻게(어떤 방법, 방식, 모양, 형편, 이유), 어떤가?, 왜(무슨 까닭으로, 어떤 사실에 대하여 확인을 요구할 때)
	19. 가족	할아버지, 할머니, 아버지, 어머니, 남편, / 아내, 딸, 아들, 손녀, 손자, / 형제자매, 형, 오빠, 언니, 누나, / 여동생, 남동생, 이모, 이모부, 고모, / 고모부, 사촌, 삼촌, 숙모
	20. 국적	국가, 나라, 한국, 중국, 대만, / 일본, 미국, 영국, 캐나다, 인도네시아, / 독일, 러시아, 이탈리아, 프랑스, 인도, / 태국, 베트남, 캄보디아, 몽골, 라오스

MP3	주제	단어
	21. 인사	안녕하세요!, 안녕하셨어요?, 건강은 어떠세요?, 그에게 안부 전해주세요, 굿모닝!
	22. 작별	건강하세요, 행복하세요, 안녕(서로 만나거나 헤어질 때), 내일 보자, 다음에 보자.
	23. 감사	고마워, 감사합니다, 도와주셔서 감사드립니다.
	24. 사과	미안합니다, 괜찮아요!, 죄송합니다, 정말 죄송합니다, 모두 다 제 잘못입니다, / 오래 기다리셨습니다, 유감이네요.
	25. 요구, 부탁	잠시 기다리세요, 저 좀 도와주세요, 좀 빨리해 주세요, 문 좀 닫아주세요, 술 좀 적게 드세요.
	26. 명령, 지시	일어서라!, 들어오시게, 늦지 말아라, 수업 시간에는 말하지 마라, 금연입니다.
	27. 칭찬, 감탄	정말 잘됐다!, 정말 좋다, 정말 대단하다, 진짜 잘한다!, 정말 멋져!, / 솜씨가 보통이 아니네!, 영어를 잘하는군요. ※ 감탄사의 종류(감정이나 태도를 나타내는 단어) : 아하, 헉, 우와, 아이고, 아차, 앗, 어머, 저런, 여보, 야, 아니요, 네, 예, 그래, 얘 등
	28. 환영,축하, 기원	환영합니다!, 또 오세요, 생일 축하해!, 대입 합격 축하해!, 축하드려요, / 부자 되세요, 행운이 깃드시길 바랍니다, 만사형통하시길 바랍니다, 건강하세요, 새해 복 많이 받으세요!
	29. 식당	음식, 야채, 먹다, 식사 도구, 메뉴판, / 세트 요리, 종업원, 주문하다, 요리를 내오다, 중국요리, / 맛, 달다, 담백하다, 맵다, 새콤달콤하다, / 신선하다, 국, 탕, 냅킨, 컵, / 제일 잘하는 요리, 계산, 잔돈, 포장하다, 치우다, / 건배, 맥주, 술집, 와인, 술에 취하다.
	30. 교통	말씀 좀 묻겠습니다, 길을 묻다, 길을 잃다, 길을 건너가다, 지도, / 부근, 사거리, 갈아타다, 노선, 버스, / 몇 번 버스, 정거장, 줄을 서다, 승차하다, 승객, / 차비, 지하철, 환승하다, 1호선, 좌석, / 출구, 택시, 택시를 타다, 차가 막히다, 차를 세우다, / 우회전, 좌회전, 유턴하다, 기차, 기차표, / 일반 침대석, 일등 침대석, 비행기, 공항, 여권, / 주민등록증, 연착하다, 이륙, 비자, 항공사, / 안전벨트, 현지시간

MP3	주제	단어
	31. 물건 사기	손님, 서비스, 가격, 가격 흥정, 노점, / 돈을 내다, 물건, 바겐세일, 싸다, 비싸다, / 사이즈, 슈퍼마켓, 얼마예요?, 주세요, 적당하다, / 점원, 품질, 백화점, 상표, 유명 브랜드, / 선물, 영수증, 할인, 반품하다, 구매, / 사은품, 카드 결제하다, 유행, 탈의실, 계산대
	32. 전화하기	여보세요, 걸다, (다이얼을)누르다, OO 있나요?, 잘못 걸다, / 공중전화, 휴대전화 번호, 무료 전화, 국제전화, 국가번호, / 지역번호, 보내다, 문자 메시지, 시외전화, 전화받다, / 전화번호, 전화카드, 통화 중, 통화 요금, 휴대전화, / 스마트폰
	33. 인터넷	인터넷, 인터넷에 접속하다, 온라인게임, 와이파이, 전송하다, / 데이터, 동영상, 아이디, 비밀번호, 이메일, / 노트북, 검색하다, 웹사이트, 홈페이지 주소, 인터넷 쇼핑, / 업로드, 다운로드, pc방, 바이러스, 블로그
	34. 건강	병원, 의사, 간호사, 진찰하다, 수술, / 아프다, 환자, 입원, 퇴원, 기침하다, / 열나다, 체온, 설사가 나다, 콧물이 나다, 목이 아프다, / 염증을 일으키다, 건강, 금연하다, 약국, 처방전, / 비타민, 복용하다, 감기, 감기약, 마스크, / 비염, 고혈압, 골절, 두통, 알레르기, / 암, 전염병, 정신병, 혈액형, 주사 놓다
	35. 학교	초등학교, 중학교, 고등학교, 중·고등학교, 대학교, / 교실, 식당, 운동장, 기숙사, 도서관, / 교무실, 학생, 초등학생, 중학생, 고등학생, / 대학생, 유학생, 졸업생, 선생님, 교사, / 교장, 교수, 국어, 수학, 영어, / 과학, 음악, 미술, 체육, 입학하다, / 졸업하다, 학년, 전공, 공부하다, 수업을 시작하다, / 수업을 마치다, 출석을 부르다, 지각하다, 예습하다, 복습하다, / 숙제를 하다, 시험을 치다, 합격하다, 중간고사, 기말고사, / 여름방학, 겨울방학, 성적, 교과서, 칠판, / 분필
	36. 취미	축구 마니아, ㅇㅇ마니아, 여가 시간, 좋아하다, 독서, / 음악 감상, 영화 감상, 텔레비전 시청, 연극 관람, 우표 수집, / 등산, 바둑, 노래 부르기, 춤추기, 여행하기, / 게임하기, 요리, 운동, 야구(하다), 농구(하다), / 축구(하다), 볼링(치다), 배드민턴(치다), 탁구(치다), 스키(타다), / 수영(하다), 스케이팅, 태권도
	37. 여행	여행(하다), 유람(하다), 가이드, 투어, 여행사, / 관광명소, 관광특구, 명승지, 기념품, 무료, / 유료, 할인티켓, 고궁, 경복궁, 남산, / 한국민속촌, 호텔, 여관, 체크인, 체크아웃, / 빈 방, 보증금, 숙박비, 호실, 팁, / 싱글룸, 트윈룸, 스탠더드룸, 1박하다, 카드 키, / 로비, 룸서비스, 식당, 뷔페, 프런트 데스크
	38. 날씨	일기예보, 기온, 최고기온, 최저기온, 온도, / 영상, 영하, 덥다, 따뜻하다, 시원하다, / 춥다, 흐린 날씨, 맑은 날, 비가 오다, 눈이 내리다, / 건조하다, 습하다, 가랑비, 구름이 많이 끼다, 보슬비, / 천둥치다, 번개, 태풍, 폭우, 폭설, / 황사, 장마
	39. 은행	예금하다, 인출하다, 환전하다, 송금하다, 예금주, / 예금통장, 계좌, 계좌번호, 원금, 이자, / 잔여금액, 비밀번호, 현금카드, 현금 인출기, 수수료, / 현금, 한국 화폐, 미국 달러, 외국 화폐, 환율, / 환전소, 신용카드, 대출, 인터넷뱅킹, 폰뱅킹

MP3	주제	단어
	40. 우체국	편지, 편지봉투, 소포, 부치다, 보내는 사람, / 받는 사람, 우편물, 우편번호, 우편요금, 우체통, / 우표, 주소, 항공우편, EMS

'K-한글'의 세계화 www.k-hangul.kr

Globalizarea alfabetului coreean Hangul
(www.k-hangul.kr)

1. 영어로 한글배우기
Learning Korean
in English

2. 베트남어로 한글배우기
Học tiếng Hàn bằng
tiếng Việt

3. 몽골어로 한글배우기
Монгол хэл дээр солонгос
цагаан толгой сурах

4. 일본어로 한글배우기
日本語でハングルを学ぼう

5. 스페인어로 한글배우기 (유럽연합)
APRENDER COREANO
EN ESPAÑOL

6. 프랑스어로 한글배우기
Apprendre le coréen
en français

7. 러시아어로 한글배우기
Изучение хангыля
на русском языке

8. 중국어로 한글배우기
用中文学习韩文

9. 독일어로 한글배우기
Koreanisch lernen
auf Deutsch

10. 태국어로 한글배우기
เรียนฮันกึลด้วยภาษาไทย

11. 힌디어로 한글배우기
हिंदी में हंगेउल सीखना

12. 아랍어로 한글배우기
تعلم اللغة الكورية بالعربية

13. 페르시아어로 한글배우기
یادگیری کره‌ای از طریق فارسی

14. 튀르키예어로 한글배우기
Hangıl'ı Türkçe Öğrenme

15. 포르투갈어로 한글배우기
Aprendendo Coreano
em Português

16. 스페인어로 한글배우기 (남미)
Aprendizaje de coreano
en español

17. 인도네시아어로 한글배우기
Belajar Hangul dalam
Bahasa Indonesia

18. 이탈리아어로 한글배우기
Imparare Hangul
in *italiano*

19. 캄보디아어로 한글배우기
រៀនអក្សរកូរ៉េជាភាសាខ្មែរ

20. 라오스어로 한글배우기
ຮຽນຮັນກຶລດ້ວຍພາສາລາວ

21. 네팔어로 한글배우기
नेपाली भाषामा हाङ्गुल
सिक्ने पुस्तक

22. 미얀마어로 한글배우기
မြန်မာဘာသာစကားဖြင့် ကိုရီး
ယားစာ သင်ယူခြင်း

23. 그리스어로 한글배우기
Εκμάθηση Κορεατικών
μέσω των Ελληνικών

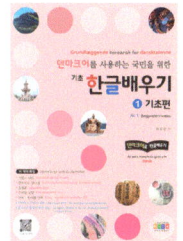

24. 덴마크어로 한글배우기
At lære koreansk
gennem *dansk*

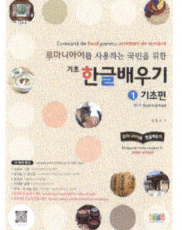

25. 루마니아어로 한글배우기
Învățarea limbii coreene
în *limba română*

26. 말레이어로 한글배우기
Belajar bahasa Korea
melalui *bahasa Melayu*

27. 벵골어로 한글배우기
বাংলা ভাষায় কোরিয়ান
(কোরিয়ান ভাষা) ভাষা শেখা

28. 스와힐리어로 한글배우기
Kujifunza Kikorea kupitia
Kiswahili

29. 우르두어로 한글배우기
اردو کے ذریعے کوریای زبان سیکھنا

30. 우즈베크어로 한글배우기
*O'zbek tili*da koreys
alifbosini o'rganish

31. 체코어로 한글배우기
Učení korejštiny
v *češtině*

32. 카자흐어로 한글배우기
Қазақ тілінде корей
әліпбиін үйрену

33. 키르기스어로 한글배우기
Корея тилин үйрөнүү
Кыргызча

34. 폴란드어로 한글배우기
Nauka języka koreańskiego
w *po polsku*

35. 필리핀어로 한글배우기
Pag-aaral ng Koreano
gamita ang *Filipino*

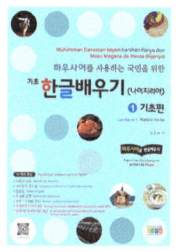

36. 하우사어로 한글배우기
Koyon harshen Koriya ta
amfani da *Hausa*

37. 헝가리어로 한글배우기
Koreai nyelvtanulás
magyarul

루마니아어를 사용하는 국민을 위한 기초 한글배우기

한글배우기 ❶ 기초편

2026년 4월 15일 초판 1쇄 발행

발행인 | 배영순
저자 | 권용선(權容璿)   Autor : Kwon Yongseon
펴낸곳 | 홍익교육   Editor : Hongik Education, Republica Coreea
기획·편집 | 아이한글 연구소
출판등록 | 2010-10호
주소 | 경기도 광명시 광명동 747-19 리츠팰리스 비동 504호
전화 | 02-2060-4011
홈페이지 | www.k-hangul.kr
E-mail | kwonys15@naver.com
정가 | 14,000원
ISBN 979-11-88505-01-2 / 13710